# 时间黑客

## 用数据分析做个明白人

饭大官人——著

電子工業出版社
Publishing House of Electronics Industry
北京•BEIJING

## 内 容 简 介

作者讲述了自己从月薪 1300 元到年薪百万元的成长故事。本书通过作者的亲身经验与复盘，提供了时间管理的底层逻辑，人人可用的方法论，拿来即用的时间管理工具。通过道、法、术、器的介绍，全方位帮助读者重塑时间管理认知。

第 1 章，通过巧妙投资时间账户，复盘了作者初入职场 9 个月 4 倍涨薪的经验。

第 2 章，刷新认知，塑造 3 个习惯，每天多挤出 6 个多小时的自我可支配时间。

第 3 章，把控好人生中的重要事，降低意外风险，以节省无谓的时间&金钱支出。

第 4 章，提供让你受益终身的时间管理工具&习惯，帮助你打造一套优于常人的“操作系统”。

时间是资源，管理是动作。时间管理是通过一系列管理动作，为我们挤出可支配时间这种宝贵资源，然后将其投资到生命中更有价值的事情上。本书可以帮助职场人刷新认知，塑造各种习惯，最终让健康获得改善，让财富获得稳定且持续的增长。



**图书在版编目（CIP）数据**

时间黑客：用数据分析做个明白人 / 饭大官人著. —北京：电子工业出版社，2023.10
ISBN 978-7-121-46291-7

Ⅰ. ①时…  Ⅱ. ①饭…  Ⅲ. ①时间－管理－通俗读物  Ⅳ. ①C935-49

中国国家版本馆 CIP 数据核字（2023）第 172980 号

责任编辑：董　英
印　　刷：中国电影出版社印刷厂
装　　订：中国电影出版社印刷厂
出版发行：电子工业出版社
　　　　　北京市海淀区万寿路 173 信箱　　　邮编：100036
开　　本：720×1000　1/16　印张：12.75　　字数：204 千字
版　　次：2023 年 10 月第 1 版
印　　次：2023 年 10 月第 1 次印刷
定　　价：79.00 元

凡所购买电子工业出版社图书有缺损问题，请向购买书店调换。若书店售缺，请与本社发行部联系，联系及邮购电话：（010）88254888，88258888。

质量投诉请发邮件至 zlts@phei.com.cn，盗版侵权举报请发邮件至 dbqq@phei.com.cn。

本书咨询联系方式：faq@phei.com.cn。

谨以此书献给我远在天堂的爸爸

你在 2022 年 10 月 14 日永远地离开了我们

你和妈妈都是农村出生，好不容易奋斗到小县城

你没有条件受到好的教育，但是你给了我最好的教育

不是培训班，不是名师指导，我们家里的条件也请不起

你用你的一生，用身体力行的方式向我展示了

**勤奋刻苦、诚实守信，善良助人**

这些人性深处最朴实无华、最美好的品质

**在我看来，就是世界上最好的教育**

我们奋斗了很多年，才有了今天的好生活

我如今拥有的一切都是你给的，我很幸运能做你的儿子

现在，我把我奋斗的经历，写成书去帮助他人

一个不折腾会死星人

终身求道者，对时间管理有极限苛求的手艺人

献给所有出生贫苦的奋斗者的礼物

# 前言

PREFACE

这是我的第二本书。

每一本书都在努力寻找着适合它的读者。

这本书的目标群体是，那些跟我一样出身贫苦、不甘心不认命、努力奋斗的普通人。

我想写写我过往的亲身经历，这是一个凭自己的努力养成好习惯、慢慢变富、跨越阶层的故事。

## 大富靠运气，小富靠方法

我出生于小镇的一个普通家庭，从小到大也不可能有什么优质的教育资源，大学既非 985 亦非 211，说起来我比小镇做题家的资质差远了。我的第一份工作是游戏客服，经过 10 余年的努力奋斗，我终于在全国房价最贵的城市之一的核心区买房扎根，也在大厂拥有了超百万元的年薪，还有一个作家身份，是一本细分领域专业书《游戏运营：高手进阶之路》的作者。

我现在的生活过得比从小一起玩到大的同龄人要好很多。用一些人的话说，我也算是小小地跨越了阶层。虽称不上暴富，但也属于比上不足、比下有余，过得还不错的那一类人。我这些年从来都没有“突发运气”，财富都是自己一边赚一边攒，一边经营积累下来的。

回想起自己这些年的折腾史，我没有太多的好运气，甚至可以说，很多时候还是走背运的。我经历过几次创业，干过投资&投机的事，结果非常失败。我曾经错过两次财富自由的机会，我见过运气好的人是怎样的。暴富不是靠努力、靠认知就能实现的，更多的时候是靠时运。我也期望有暴富的生活，这样或许更有说服力一些，例如史蒂芬·柯维、瑞·达利欧这样的成功人士，毕竟“食物链”靠前的人说的话、写的书，其说服力比我这种“乡曲儒生”好太多。

不过回头一想，每个人都有每个人的时运，每个阶段都有每个阶段的方法论，暴富的方法论我没有办法提供，因为我自己都没暴富过。**如果这个世界上有一本书，其提供的内容能让很多像我这样出身底层的普通人，跨越几个阶层，获得相对体面的生活，也不失有其存在的价值。**

我有一套关于时间管理的方法论，它帮助我打造了一套优于常人的“操作系统”，让我自己的健康获得改善，让财富获得稳定且持续的增长，然后稳稳地、慢慢地变富。

我会用非常严谨且绝对可行的方式，与大家分享自己这些年的成长经历，普通人也可以照着我的方式做一遍，生活一定会越来越好。

## 重要紧急四象限是最没用的理论

我曾经在腾讯学堂担任过《高效时间管理》这门课程的讲师，发现一个极其普遍的现象。

在我的课程互动中，几乎人人都知道重要紧急四象限（见下图）。但是几乎每个知道重要紧急四象限的人，都做不好时间管理。

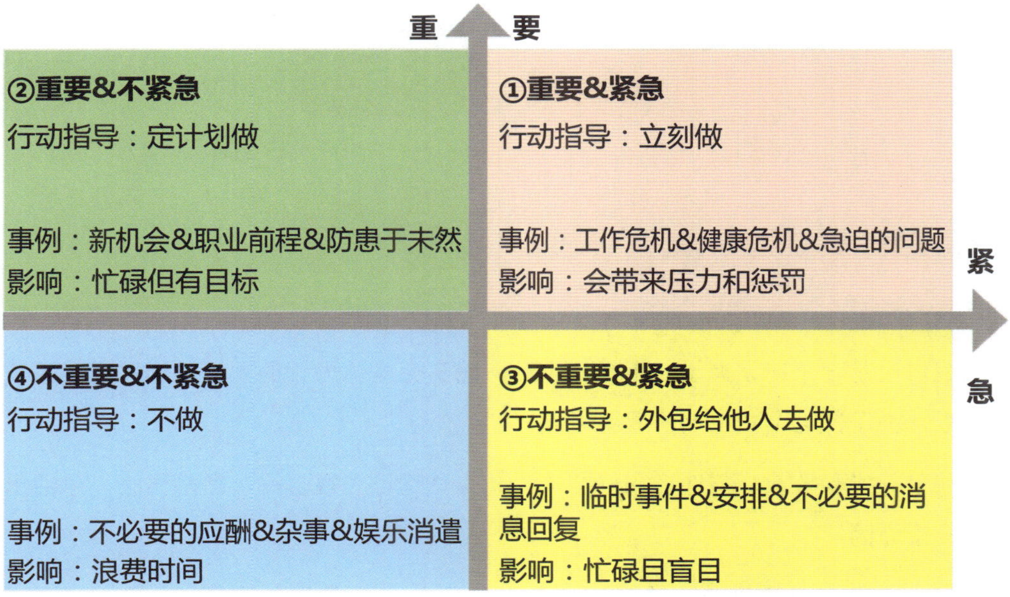


这些年，我也看了很多关于时间管理的课程与图书，重要紧急四象限是被高频提及的知识点。大家都在“盘”它，“盘”得都“包了浆”。

相关课程往往先解释概念和定义，列举各种案例，加上评测、互动……翻来覆去，占据大量的篇幅和内容，以至于我每次看到这类东西就会产生生理性的烦躁。

其实，重要紧急四象限的原理几句话就可以讲明白。比如，别把紧急事当成重要事，要做重要但不紧急的事，等等（见下页图）。

但此方法在实际的落地上几乎没有可操作性，属于典型的“知道了道理，依旧做不好时间管理”。

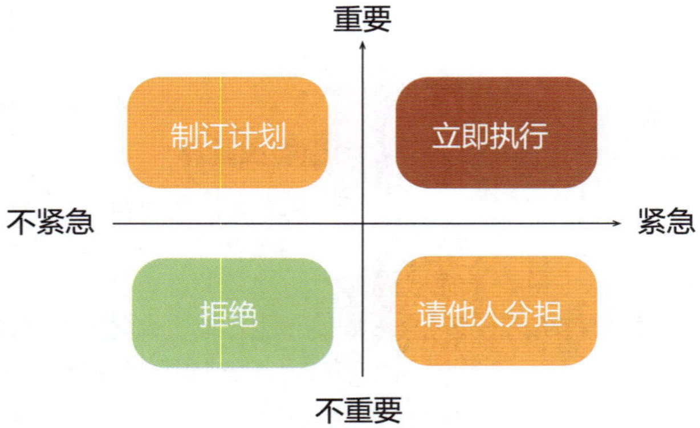


我自己是一个在掌握了一个知识点后，确实会身体力行的人，并通过实践来获取反馈，去研究这个知识点的适用边界。

我躬行实验数载，与诸多同好交流，此方法均以失败告终，斟酌再三，总结出如下几个原因。

（1）无法穷举所有事，总会有意外发生，总会打乱原本的安排。

（2）价值观不同导致没有统一标准，度量成本高导致决策"瘫痪"。

（3）事件总是不断地演绎变化，重要和紧急程度经常变化，导致决策"瘫痪"。

从整个决策链条上看，如下页图所示。

工作和生活中有很多事，如何划分类别？以怎样的颗粒度分象限？记录哪些？通通都是问题。**在具备一个认知框架之前，人没办法穷举所有的事。**总会有意外的事情发生，事情的紧急程度不同，会影响你自己原本的分类。

假设可以通过MECE（Mutually Exclusive Collectively Exhaustive，相互独立，完全穷尽）分析法进行穷举，那么绝大多数人都把紧急事当成了重要事，从一开始就将事情放错了象限。一些书和课程会告诉你一些判断方法，但你掌握了也没有用，因为接下来面临的问题是**价值观的选择，以及复杂的度量问题。**

例如，体检报告建议你不要连续高强度加班，要休养，否则继续下去会引发严重后果，可是最近有一个核心项目临近上线，需要冲刺，你又是主心骨和负责人，你怎么选？

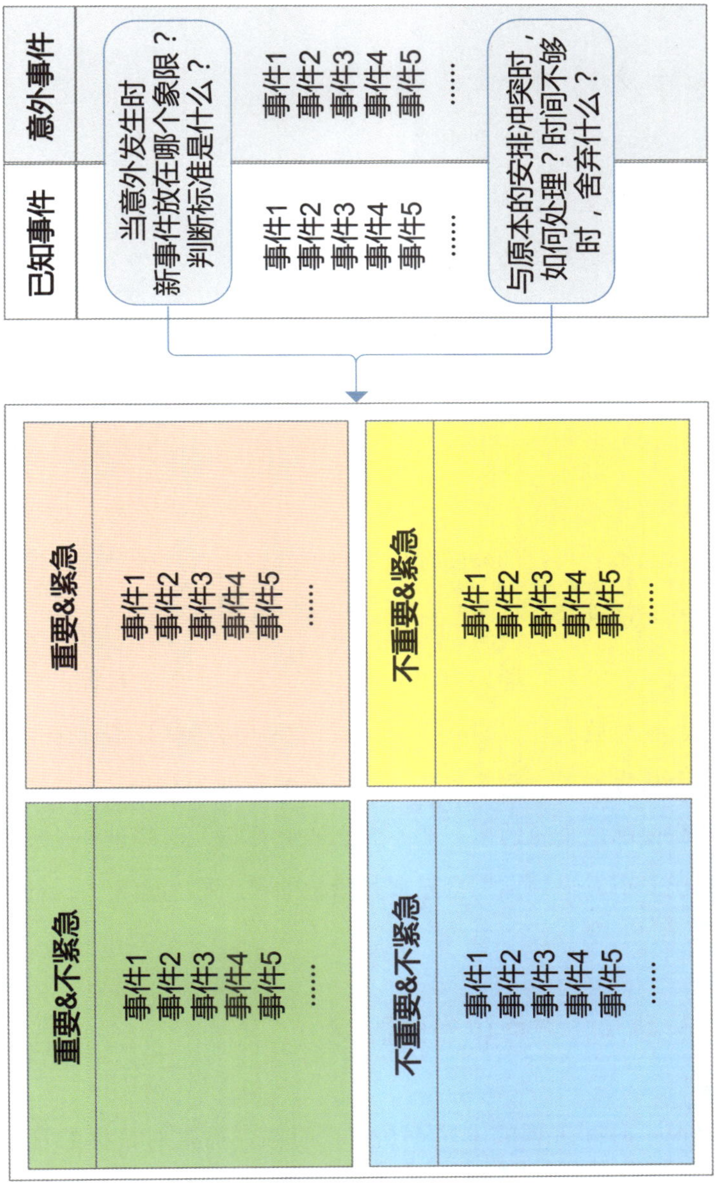
已知事件
事件1
事件2
事件3
事件4
事件5
……
意外事件
事件1
事件2
事件3
事件4
事件5
……
当意外发生时
新事件放在哪个象限？
判断标准是什么？
与原本的安排冲突时，
如何处理？时间不够
时，舍弃什么？
重要&紧急
事件1
事件2
事件3
事件4
事件5
……
重要&不紧急
事件1
事件2
事件3
事件4
事件5
……
不重要&紧急
事件1
事件2
事件3
事件4
事件5
……
不重要&不紧急
事件1
事件2
事件3
事件4
事件5
……

这类问题就是身体健康与事业发展的矛盾问题，你认为哪个更重要都没错，这是价值观的问题。一般既重要又紧急的事情不应该超过 3 件，但是往往这类事情会非常多。

亲情&友情&爱情，哪个更重要？

健康&休息&运动，哪个更重要？

领导信任&同事支持，哪个更重要？

公司内发展&公司外社交，哪个更重要？

自我成长重要吗？愉悦自己重要吗？照顾好家人重要吗？

这些事情堆在一起？哪些更重要？

当这些事情都很重要时，当这些事情撞到一起时，你怎么划分重要等级？

还有很多事情无法度量，到了什么阶段，有多严重？不做会如何，做了又会如何？机会成本是多少？自己的经验和阅历没办法帮助自己做判断，于是事情放在哪个象限，往往就非常难判断。

当事情挤到一起时，**那种只会跟你说，要“专注于既定目标，要学会放弃”的时间管理流派，往往就会让人极其无语**。我们都知道防微杜渐、未雨绸缪，我们都希望自己是一个从容的人，都希望自己只处理重要事，不要只处理紧急的事，可是生活中的意外往往都是紧急的事，要不怎么叫意外呢？这些意外几乎占据了自己全部的精力，你让一个人“划掉”自己那些紧急的事，作为当事人，他其实是很难做到的。

## 做好管理动作，才可以省出时间

有很多人说，时间管理的本质不是管理时间，而是对目标的管理，对自我的管理。

**我认为过于抽象的定义，是正确的废话，没有任何指导意义。**

我姑且做个定义。

**时间是资源。**

**管理是动作。**

**时间管理，就是通过一些管理动作为我们挤出时间这种宝贵资源。**

挤出时间资源之后，把时间分配给哪些事，那就属于投资选择的范畴了。

只有我们挤出属于自我的、可支配的时间，才有选择的机会。

无论是修身齐家治国平天下，还是把时间浪费在美好的事物上，前提都是拥有时间。

从来没有一本书告诉我们如何能节省时间。我想，本书一定会帮你做到。

节省出来的时间，如何做好选择和分配，做到“既要，又要，还要！”本书也会尽力帮你做到。

# 目录

CONTENTS

# 第1章

## 想要底层逆袭，学会投资时间

这是一个身无所长的穷苦毕业生，从底层的一线客服晋升为运营主管，9 个月完成 3 次升职、4 倍涨薪的故事。

这是一段通过不断管理优化时间账户的投入，为自己打造正向循环，走顺职业生涯早期发展的经历。

这是人人都可以复制，照着做一定能成功的方法论。

## 下岗工人的孩子，“北漂”的窘迫

我出生于小镇，是一个普通工人家庭的孩子，整个家族的亲戚长辈们，清一色都是在土地里刨食的农民。跟我同一辈的人，大多数都是去工地上背水泥袋，或者去富士康流水线做流水工。爸爸妈妈都是小镇上的工人，他们从农村转到小镇上工作，已经非常不易。1998～2000 年，父母陆续下岗，通过做小生意及四处打零工来讨生活。

我在成长的过程中，无比羡慕那些比我家条件好的玩伴，就算是读书成绩不好，也有父母可以依靠。在与我从小一起长大的玩伴中，不乏这类有家庭兜底的玩伴，而我的父母不可能提供任何起步资源，也没有任何认知上的助力。我从小受的教育就是，没有任何人可以依靠，只能依靠自己的努力奋斗，用双手勤劳致富。

现在社会上有个词，叫作小镇做题家，我是十分羡慕这种称谓的，因为会做题的人考试是有优势的，因此能获得一个比较好的学位，有着很好的敲门砖，进入社会的起点比较高，是能被大公司看上的。而我的初始竞争力远远不如小镇做题家，我毕业的学校既非 985，亦非 211，毕业的竞争力可以说是弱爆了。当年也有一些公司来我们学校招聘，我自己也投了一些简历，没有经验，不懂面试套路，最终也就是毕业即失业。2009 年 6 月 30 日，拿到毕业证的当天，我拎着 2 个编织袋，前后各背一个书包，坐上了去北京的绿皮火车，站了整整 24 小时才到达北京，年轻的时候能吃苦，那就去北京奋斗吧。

到了北京就找工作，最终入职了一家当时只有 100 多人的游戏公司，从最底层的客服专员开始做起。我大学学的专业跟这个岗位没有丝毫关联，做过一线客服的同学都知道，这个岗位门槛低，只要你会打字，普通话基本过关，受过三天的培训就可以上岗了。这个岗位的收入非常少，还要遭受玩家的情绪暴力，职业成长性低，人员流动大，招新人很容易，跟现在的外卖小哥没什么区别。在诸多岗位中，属于底层中的底层。

从大二开始，我就没有向家里人要钱了，因为深知父母供我读书的不易，觉得向他们要钱是一件挺丢人的事情。我当时兜里一共只有 2000 元钱，这 2000 元钱还是通过平日里勤工俭学和亲戚家哥哥赞助攒下来的。我依稀记得，我疯狂地省吃俭用，生活上极尽苛刻，距离发工资的那一天，我兜里的钱，只够一星期的饭钱。

不管如何，总算是生存下来了。而且我一定要疯狂努力，争取早日转正。

## 绝对不当工具人，顺利加薪转正

当时的工作就是每天接电话，或者在页面上回复玩家，记录+反馈问题，三班倒，机械般地日复一日，重复劳动。

（1）玩家丢了东西，安抚、记录，转 log 组查询补发。

（2）玩家咨询游戏玩法，从游戏资料站里复制粘贴。

（3）玩家咨询运营活动，问运营同学，得到答复后回复玩家。

在当时，不，就算是现在，如果游戏设计出问题，市场营销出问题，运营活动出问题，运维维护出问题……公司任何一个部门出了问题，玩家都会骂，而迎接这些暴风骤雨的全部都是客服同学。

一线坐席客服其实并没有什么决策权，基本都是流水线上的工具人，每天的工作就是记录、回复和安抚。不管多大的怨气，都得安抚好玩家。

当时，我们需要完成玩家满意度的指标，可是，这个指标完成难度很大。

即使我们的服务不出差错，也拦不住其他部门犯错，而个体的能力终归有限，靠什么去实现这个指标呢？其他部门犯的错误，我们作为公司唯一的沟通窗口部门，要安抚玩家们的怒气。当时，我们能够做到的是，回复玩家的问题有质量、有温度。

**我必须要做点什么，工具人也得是高级的工具人。**

当时用玩家的说法是："电话基本是忙线状态，只能通过页面留言沟通"，所以我们的绝大多数工作都是通过页面回复的。

因此，每位一线客服都会自己建立一个工作手册（内部说法叫作"小本本"），上面记录了用来应对玩家的各种问题的标准回复答案。大家遇见页面问题，就从自己的小本本里面找答案，复制粘贴给玩家。

这种东西，你懂的，基本上都是资料站上的东西。而且都是固定的回复话术套路，不同同学的话术有所出入，有一定的发挥空间。我为了提升回复质量，每天认真玩游戏，这有助于我用一种更专业的角度去回复玩家，于是我就不断地迭代自己的工作手册。

别人是固定回复，我是更专业、更有温度地回复。

### 例子 1：玩家咨询游戏问题：某副本如何通关？

通用回复：从资料站里复制粘贴，祝您生活愉快！

我的回复：准备远超资料站内容的内容（如：战前准备+BOSS 战技巧+可能掉落的东西），祝你在副本中掉落××！（××是游戏内玩家非常稀缺的东西）

### 例子 2：玩家投诉游戏问题：你们这个设计太傻了！应该如何如何改。

通用回复方法：对玩家说："请别生气，我会转告相关部门，祝您生活愉快！"

我的回复方法：追问情绪背后的细节，与玩家讨论修改方案。对于有些比较有争议的问题，我将它转给游戏策划后，回收策划的反馈，甚至在论坛上开讨论帖，玩家和策划一起参与游戏设计的方案讨论，帮助版本迭代。

感受到这中间的区别了吗？玩家并不需要机械的回复，而是要有质量的回复，真正懂他们、能帮助他们解决问题的回复。有温度也不是礼貌，而是设身处地为对方着想。礼貌是岗位需要，人人都可以做到，会让人产生距离感。如果我是用户，我希望得到高质量、有温度的回复。

这种事发生了很多次，我在某几类问题的好评率直线上升，很快就成为明星客服，因为回复的质量很高，甚至一些玩家专门留言，点名让我回复。

问题越来越难，促使我不断地迭代自己的小本本，提升回复质量。因为自己小本本的强壮，我就能够做到又快又好！最后在某类问题上，就可以达到以一当十的效果。

后面的故事，你们知道的，因为业绩的突出表现：

（1）团队内部的公开表彰（最有温度的客服）。

（2）自己的小本本被要求共享，作为标杆模板分享。

（3）团队声誉增加，我成为处理某类问题的高手。

（4）转正加薪，岗位调动，等等。什么都来了。

这只是一段经历，仅仅是发生在我入职的第 1 个月后。

然后，我就可以跟我的经理提转正了，别人都是从 1300 元涨薪到 1500 元，而我，从 1300 元涨薪到 1800 元。

## 升职加薪的背后，倾斜时间投入

所以，这就是使用工具来提升自己的工作效率，解决某类问题的故事吗？

然后，加上一些类似“工作要认真+努力+刻苦，任何平凡的小事都可以做得不平凡，老天自然会奖励你”的鸡汤，如此未免会落入俗套。

任何事情都得放到特定的时空、特定的环境来看才可以，我们应该站在一个更高的视角去分析。

我究竟是怎样做到的呢？给大家算算时间账。

我仅仅是一个非常普通的大学毕业生，从最底层的客服工作做起，除了会使用电脑，也没什么特别的职场竞争力，每天投入工作上的时间大约是 12 小时。

一开始，我将满满的 12 小时投入那种流水线的工作之中。当时的绩效考核规则是：你回复的答案中，符合标准的就可以计入绩效部分。后来，我对复制粘贴的事厌倦了，对自己的业务工具也不满意，因此，我抽出一部分时间来升级业务工具。

结果是，这段时间，很明显我回复玩家的问题数量不如其他人多，我还被客服主管质疑：“你上班时是不是偷懒，怎么每天回复玩家的数量少了那么多？”被主管责怪得最狠的那一段时间，我花了很多心思去研究和升级自己的“小本本”（工作手册）了。

我当时心想，如果光是做复制粘贴，那我跟富士康流水线上的工人有何区别？在这段时间里，我的工作输出量是下降的，而学习输入量是上升的，短期只能接受负反馈。我把自己在单位里面待的时间一分为二，一部分是工作输出，一部分是学习输入。

**工作输出：指的是完成工作量，换取劳动报酬。**

**学习输入：指的是学习研究，用来提升职场竞争力。**

**同一份时间，但是在不同的行为上倾斜，构成了个体竞争力的变化。**

这个事就是互相循环和依存的，在学习输入上投入的时间越多，工作输出效率就越高。

我们都听过一句话，每个人每天有 3 个 8 小时，真正决定人生高度的是工作和睡眠之外，剩余那 8 小时。

而我的工作时间则是 12 小时，假设睡眠占用 8 小时，上下班路上所用时间合计 3 小时，那么我的剩余时间就所剩无几了。

所以，在工作时间，我会拿出一部分时间拼命地学习、研究、迭代自己的知识库。当时的一线坐席客服是多个人共用一台电脑的，为了保证 24 小时在线，作息时间采用倒班制度，“白夜休休”（1 天白班，1 天夜班，2 天休息，如此循环），也就是说，我每 4 天，只有 12 小时+12 小时是可以使用电脑的。

我无比珍惜自己可以使用电脑的时间，每次上班的时间是 12 小时，我拿出至少 3 小时迭代自己的小本本，直到下班舍不得走，然后被人赶下电脑。

一个工人阶层的孩子，刚刚到北京时，只能租住在六环外的郊区。下班路上，单程的时间是 1.5 小时，我会在公交车上用纸和笔记录思考。甚至回到家，躺在床上，如果灵感来了，也会在桌子上记录和思考，然后去附近的网吧把思路记录下来，顺带迭代自己的小本本。

学习积累到一定的程度，“小本本”的质量被提升到一定程度，威力就显现出来了，用游戏的话术比喻，其他客服的小本本是工业流水线上的“大路货砍刀”，而我自己铸就了一柄可以不断强化的“屠龙刀”。

我特别在意自己的输出环境。我当时如果没有电脑就没办法工作，所以我当时工作的目标是不要做倒班工作，做点其他工作，这样就可以多在电脑面前学习了。

而当我使用自己铸造的“屠龙刀”，并利用其威力进行输出后，证明了自己的专业性，主动向客服部老大申请转岗，专门维系客服的资料站，以及服务 VIP 用户。从那个时候起，我终于不再倒班了，从此有了自己的专属电脑。

从转正到调整岗位很顺利，当拥有自己的专属电脑的那一刻，我是非常开心的！

## 做好时间管理，9 个月涨薪 4 倍

有了电脑后，输出环境稳定，我开始更加疯狂地加班，几乎泡在了公司。

由于我对游戏的理解实在太好，经常给策划写游戏修改意见，参与游戏版本迭代，被领导注意到，遂转到运营岗位，管理游戏社区（那个时候叫论坛和贴吧）。

因为我在运营岗位表现非常突出，转岗 6 个月后，也就是参加工作的第 9 个月，我就被提拔成运营主管。

入职时，一线客服（试用期）的工资是 1300 元。

工作 1 个月，因为表现突出转岗为 VIP 客服，首次涨薪到 1800 元。

工作第 3 个月，被提拔成为运营专员，涨薪到 2200 元。

工作第 6 个月，因为工作表现不错，涨薪到 2800 元。

工作的第 9 个月，被提拔为运营主管，再次涨薪到 5000 元。

这就是我职业生涯前 9 个月的经历，由于起点非常低，所以 4 倍涨薪根本不算什么。

这里的工资仅包括基础薪资，如果算上运营奖金（奖金是年底才发的），平均收入更高。（当时是 PC 客户端年代，如果有畅销榜，我运营的游戏应该能上畅销榜前 15 名）。

工作的第 9 个月，我成为同期一起进来的客服同学们都羡慕和钦佩的对象。其

实每一次岗位的转移，都一样会面对很多基础、繁杂、流程化的工作。

**每接触一个新的领域，从懵懂到熟悉，到琢磨如何优化工作效率，思考怎么把工作做得更出色和有质量。**

在做 VIP 客服期间，我发明了在线知识库及网页查询工具。

在做运营专员期间，我发明了运营新闻、公告模板、运营活动模板。

然后，我的主管走了，我又特别能顶事儿，我就成为了运营主管。

打开浏览器，在输入框里搜索关键词：《运营基本功：如果游戏公告都这么写，谁都愿意看了》

你就可以搜到这篇文章来佐证我的说法。这些工具都是我为了提升生产力而做的。后面我写了一本书《游戏运营：高手进阶之路》，整本书几乎都是我从工作中迭代的各类方法论。

**以上这些都是源自我对时间账户的有效分配。**

一开始，我很刻意地把自己的时间分成了 3 种类型（见下表）。

| 8小时 | 饮食和睡眠，健康的基础 | 必要时间 |
|---|---|---|
| 8小时 | 工作时长，生存和赚钱 | 工作时间 |
| 8小时 | 自我时间，生活琐碎 | 自我时间 |

后面觉得如此分类太粗糙了，还有休闲娱乐、社交，以及其他各种各样的事情。几番迭代，我发明出一个叫作时间账户的概念。这几乎是每个职场打工人都会用到的概念。

如下表所示，我做到了 MECE。这张表在我此前的书《游戏运营：高手进阶之路》里出现过，如今已有迭代。

| 序 | 时间账户 | 定义/价值 | 举例说明 | 属性 |
|---|---|---|---|---|
| 1 | 精力恢复 | 维持生命运转的必要时间 | 充足的睡眠，营养的三餐 | 必要时间 |
| 2 | 收拾自己 | 收拾自己和环境的时间 | 洗漱、穿戴、洗衣、收拾房屋等 | |
| 3 | 通勤 | 上下班路上的必要时间 | 从家到公司，从公司到家 | |
| 4 | 工作 | 卖精力赚报酬的时间 | 开会、写文档、协作、交付结果 | 工作时间 |
| 5 | 学习成长 | 提升自我的时间 | 读书、听课、输入输出知识 | 自我时间 |
| 6 | 锻炼 | 提升身体素质花费的时间 | 运动、锻炼、健康投资 | |
| 7 | 情感 | 维持亲缘，恋爱花费的时间 | 亲情、友情、爱情等 | |
| 8 | 社交 | 维系，拓展人脉的时间 | 亲情、友情、职场社交等 | |
| 9 | 消遣娱乐 | 消遣娱乐的时间 | 游戏、视频、微博、小说、漫画 | |

按照这个思路去思考，我就不会每天稀里糊涂地肆意浪费自己的时间，而是把时间用在美好的事物上，比如学习、成长和锻炼身体。

一个职场人，或主动或被动，把不同的时间分配到不同的账户里。分配到某个账户里的时间多了，其他账户里的时间就注定变少，**我们长期在那个账户里重仓投资，自己的境遇就会悄然改变。**

## 大学毕业生的生活状态与真实心态

接下来，我按照上面的时间分配，代入刚刚毕业的我，尽自己回忆，还原一个真实的生活状态和当时的心态。时间分配如下页表所示。

**必要时间 11 小时：睡觉+吃饭+收拾自己+通勤=总计的时长。**

先说睡和吃。这是人必须保证的时间，我自己把这个时间压缩在 7 小时之内。

| 序 | 时间账户 | 刚北漂住的远时，心态&状态 | 统计 | 场景 | 属性 | 投入时间 |
|---|---|---|---|---|---|---|
| 1 | 精力恢复 | 睡6小时就够，3顿饭总计1小时 | 7小时 | 宿舍+食堂 | | |
| 2 | 收拾自己 | 洗漱穿戴、收拾房屋等，满足基础需求 | 1小时 | 宿舍 | 必要时间 | 11小时 |
| 3 | 通勤 | 为了省钱，先住远点吧 | 3小时 | 通勤路上 | | |
| 4 | 工作 | 接电话、写文档、回复玩家消息 | 10小时 | 公司 | 工作时间 | 10小时 |
| 5 | 学习成长 | 参与公司培训、刷网页、写东西 | 2小时 | 公司+宿舍 | | |
| 6 | 锻炼 | 几乎没有，通勤路上换乘，被动运动 | 约0.5小时 | / | | 浮动时间 |
| 7 | 情感 | 没精力没钱，有空跟家人打个电话 | 约0小时 | / | 自我时间 | 平均约3小时 |
| 8 | 社交 | 几乎没有任何社交，活下来再说 | 约0小时 | / | | |
| 9 | 消遣娱乐 | 打游戏，刷小说等廉价娱乐 | 约1小时 | 随处 | | |

刚刚参加工作的自己，精力总是很旺盛的，每天睡觉 6 小时就足够了。我也没有刻意压缩睡眠，这件事跟自己的睡眠质量有关，而睡眠质量又跟环境有关。尽管北漂，我也没住过那种潮湿的地下室，因为空气和隔音效果往往不会太好，所以对睡眠也会有影响。

做客服特别不容易，因为线上总得保持接线状态，公司的人手不足，我们当时要求是轮流吃饭，所以吃饭对我而言，属于能吃饱就行的状态。所以，一边接线一边吃泡面也是常见的状态。为什么吃泡面？因为泡面便宜，比在外面吃饭要便宜，还省时间。而在别的同事眼中，这个人真的拼命，其实是因为穷。

我粗略统计了一下，每天 3 顿饭，早餐 10 分钟，买几个包子，一边走路一边吃完。午餐 15～20 分钟，有一段时间都拿泡面搞定，或者错峰下楼买个煎饼果子就完事儿了，主要是便宜和快，基本不用等。晚餐公司是管饭的，我自己的职场社交也往往在晚餐，和一起打饭的同事聊天，所以使用的时间稍微长一些。

然后是收拾自己，其内容包含洗脸、刷牙、穿衣服、上厕所、洗澡等各种事，早上和晚上加起来，总计 1 小时，以满足基本社交为准。至少穿衣是整洁的，头发不可以油，身上不可以有味道。曾经也被前辈提醒过脸没洗干净，我就立刻去卫生间去洗把脸。可见自己当初是多么邋遢，也可见自己在这一块事情上是多么不在意。

因为没有钱所以只能住在郊区，每天上下班的时间总计 3 小时，单程是 1.5 小时，有时如果真的熬不住，就会在通勤的路上睡个觉，补充睡眠，或者在通勤的路上进行一些消遣行为，或者拿本子记录一些想法。其实在北京通勤的路上，很多人在地铁里站着都能睡着。

就这些我称之为必要时间，它在我每天上班的 24 小时内，一定会消耗掉 11 小时。

## 工作时间 10 小时：出卖时间换取劳动报酬

实际上，我在公司里待的时间超过 12 小时，但是实际上真正的劳动时间是 10 小时，主要的工作内容就是接打电话，回复页面上的客户诉求，或者完成主管给我布置的工作（写文档和材料之类）。大多数时间跟富士康流水线上的工人也没差别，如果不做，就会影响绩效。当初我也没有什么竞争力，我接的电话越多、回复的消息越多，所获得的绩效排名就越靠前，有点按件计费的感觉。这是纯粹的以劳动换取报酬。在当时我的认知里，我称这类时间为工作时间。

真正让我感兴趣的事是主管的培训，或者我自己接受一些从来没接受过的任务，去学习研究、吐故纳新、刷新认知，这些时间我才称之为学习时间。所以在相当长的一段时间里，我都会默默计算，虽然我在公司里待的时间是 12、14 甚至 16 小时。我都会刻意地计算，哪些时间是出卖劳动换取报酬，哪些时间是通过这段经历为自己带来专业上的成长。由此，时间被我打了不同的标签。

就好比餐馆里后厨的学徒和服务员，后厨学徒的工资只有 500 元，而服务员的工资能达到 3000 元。为什么后厨的学徒愿意接受呢？是因为学徒能够学习知识，所以他可以接受短暂的低薪，而服务员的工作技术含量和可成长性是不足的，所以不管在哪里，自己要持续性地做有成长的事。

## 自我时间 3 小时：可用来自我支配的时间

当生活的必要时间 11 小时和工作的 10 小时占据完 24 小时中的 21 小时后，自我时间就剩下 3 小时了。这基本上就是工作日的常态了。这个时候，人才活得像个人，能够真正意义上实现自己分配。

就是这些时间，我分配给了学习成长和消遣娱乐，前者是为了自律、把事情做好，为了改变自己的处境。而后者也是选择最便宜的娱乐方式来进行消遣，来给每天劳碌的自己一点慰藉。

至于谈恋爱，和家人沟通情感，拿时间出来锻炼身体，以及所谓的社交，基本就是没有的状态。某个阶段就有某个阶段的目标，毕业的第一个月，口袋里的银子是不够的，内心是焦虑的，目标就是能在北京找到工作，解决生存问题。通过转正，想办法多攒点钱，给家里人买点东西，在北京站稳，等等。

## 搬到公司附近，打造发展正循环

我素来有记录日记的习惯，也有记账的习惯，日记记录时间支出，账目记录金钱支出。无论何时，反思复盘是一件非常重要的事情，他能够让你清晰地了解自己的各种分配是否合理。

简单盘点了下，实在是不愿意再把时间浪费在交通上，每天有 3 小时在通勤上实在是太浪费了。在交通上的时间，如果有精力就用来娱乐消遣，如果没精力就用来补充睡眠，想做点事情，效率也实在是太低。于是，我就在公司附近找租房信息，最终选择了公司附近大学里的筒子楼，就是那种类似大学的标准间，因为是多人合租的，我只占据中间一个床铺，所以房租非常低。

我其实可以选择单间的，环境是稍微好一些，但是价格看了下，实在是舍不得。心想，自己才毕业，和大学生住在一起也适应，经济上还可以享受诸多福利，比如大学里的食堂、运动设施等。对于刚刚毕业的我而言，也没什么压力。搬家之后，我的通勤时长就由 3 小时变成了上下班走路 10 分钟。

初衷是为了省钱，但这种选择不经意间为我带来了诸多好处。

（1）我比以前更加精神十足、活力四射。

距离更近，从而拥有更充足的睡眠和更从容不迫的心态，长时间的通勤状态无形中将消耗掉人的体力和心力，特别是挤公交地铁真的很辛苦。如果赶上下雨，你挤了几次都挤不上公交车，然后别人在你的白鞋子上增加几个脚印，可能就是一天的负面心情。通勤时长越长，自己的容错性就越低。到了公司，你的体力槽就剩下一半，工作了一整天，回到家只想躺平，对人的损害是不自知的。

我住得近，我的睡眠更充足了，从来不担心迟到，路上还可以从容地吃个早点，甚至可以在学校里锻炼一下身体。我自己“满格电”出现在单位。而我的那些住得远的同事到单位，就只剩下70%的电，如果赶上一些负面事：堵车、下雨、饿肚子什么的，可能就剩50%的电了。这种竞争，从根本上对比，就是不公平的。

（2）我更不愿意待在宿舍，宁愿去公司或外面。

由于合租的宿舍环境非常糟糕，对比而言，公司的环境相对更好，有免费的水电网和空调，更舒服的人体工程学椅子，有健身房，还有洗澡的地方。工作日基本上宿舍、公司两点一线。宿舍于我而言，仅仅是一个睡觉和洗衣服的地方了，我几乎每天都是早上8:00左右就到公司，晚上23:00之后离开公司回宿舍，洗脸、刷牙、泡脚，跟舍友简单交流下就睡觉了。

到了周末，起床的那一刻，洗脸、刷牙、穿衣服，离开宿舍，把自己扔在外面，总比窝在宿舍里强。我在公司里可以学习、查资料、写东西，用来准备下周一的工作。周末的公司对我而言就是网吧和健身房，由于住在学校附近，所以学校的篮球场也成为我运动的地方。无论如何，我就是不愿意待在宿舍。

这种状态让我有了更多的运动时间，当然更多的是呆在电脑前的时间。很多的事情，我处理得多了，自然而然就熟悉了。熟悉了，就能够生巧。一个愿意奋斗的人，就会想着怎么提升自己，怎么搞好业务相关的事。相比其他的人，我这种状态无疑为我提供了更好的身体续航能力，以及职场竞争力。

（3）更多地处理意外，更快速地个人成长。

由于距离近，每天几乎都是第一个来，甚至还能帮周围的同事带早点，某种意义上这也算是一种职场社交行为。领导来了，我在工位，领导走了，我还在工位，领导偶尔周末在公司开个会，也能看到我在工位。我仿佛是一个24小时不用下线的机器人。领导问我，为啥不休息，我说，想多干点事，在家也无聊。

公司业务发展很快，因此各种各样的运营意外就很多，由于我距离近，都是能够第一时间快速地冲到公司去处理各种各样的游戏运营事故。比如，快速发个公告，快速验证并处理线上的问题，与运维、数据、客服的同事协同“救火”，把事情处理得更快一些。

常规的事，按部就班做就可以了，而真正有能力的人，都是通过处理各种各样的意外获得成长的。我的天资并不比其他人强多少，但是这类“救火”的事情，往往都是由我在第一时间处理。加上自己善于总结和复盘，不经意间，就拥有了比其他同事更强的竞争力，以及领导更多的信任。

回头来想，其实一切都不能算是自己争取的，仅仅是自己住得更近一些，在线时长更多一些。

因此，或主动或被动处理的事情更多一些，受锻炼的机会更多一些，继而获得领导信任的机会就更多一些。

这对当时的我而言，很累，强度很大，但是收益无疑是巨大的，如下页图所示。

于是，一个正向的循环飞轮就被我不经意间造出了。想想这一切，不过是因为从郊区搬到了公司附近。而这些变化不经意间塑造了我早期的职场竞争力。

当然责任心也是很重要的，这得益于父母从小到大给我的教育：一定做要一个实诚的人。

## 职业生涯初期，学会投资时间账户

这里有必要给大家计算一下时间账。

在我的室友看来，我是一个早起就出门，晚上 23:00 到家，周末也不愿意待在宿舍的工作狂。

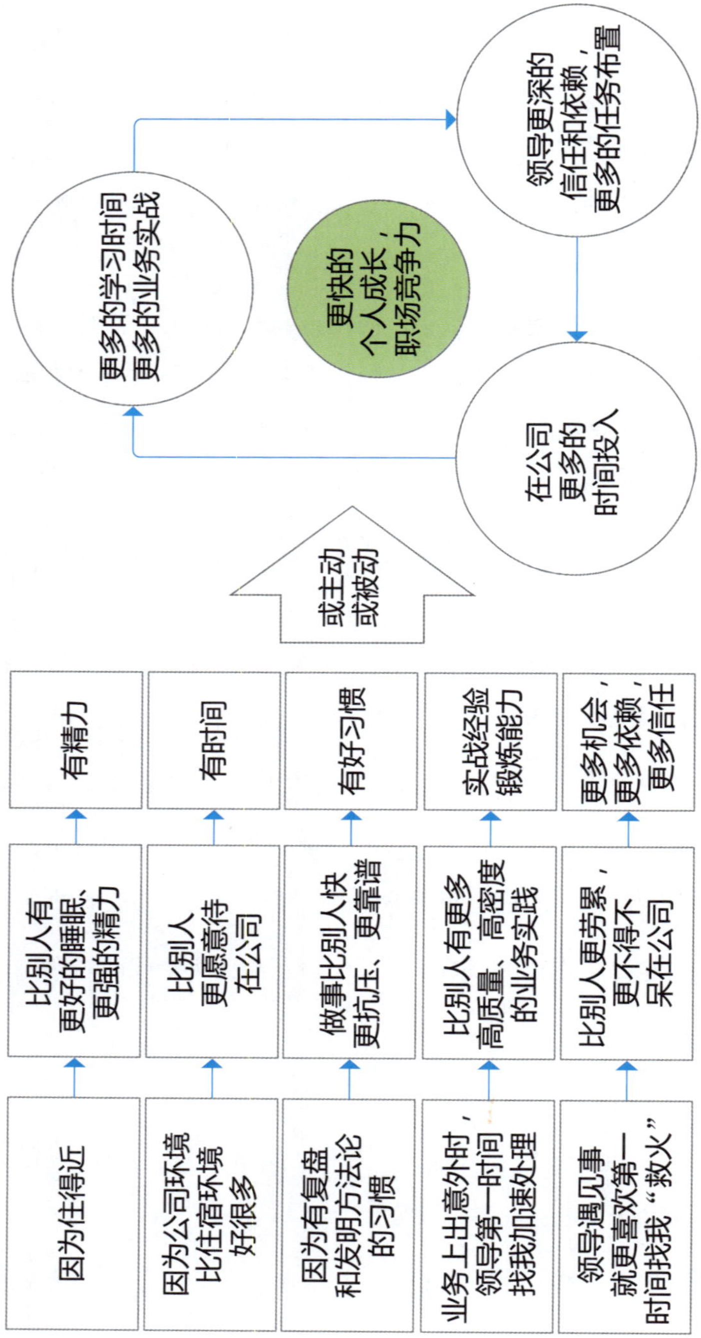
更多的学习时间
更多的业务实战
领导更深的
信任和依赖，
更多的任务布置
更快的
个人成长，
职场竞争力
在公司
更多的
时间投入
或主动
或被动
有精力
有时间
有好习惯
实战经验
锻炼能力
更多机会，
更多依赖，
更多信任
比别人有
更好的睡眠、
更强的精力
比别人
更愿意待
在公司
做事比别人快
更抗压、更靠谱
比别人有更多
高质量、高密度
的业务实践
比别人更劳累，
更不得不
呆在公司
因为住得近
因为公司环境
比住宿环境
好很多
因为有复盘
和发明方法论
的习惯
业务上出意外时，
领导第一时间
找我加速处理
领导遇见事
就更喜欢第一
时间找我“救火”

在同事看来，我是一个成天泡在公司，简直为了工作放弃休息的“卷王”。

在我自己看来，一个人肉体在哪不重要，重点是如何选择在不同的时间账户里投资。

分析一下搬家到公司附近、走路 10 分钟就能到公司后，我对各个时间账户的投资做的一些调整，如下页表所示。

我主动选择增加 1 小时睡眠，这属于对健康的投资。其实能认认真真保证 7 小时睡眠也是一种自律。在此基础上，我还刻意增加了锻炼的时间，一周约有 3.5 小时是纯粹的运动时间。算到每天，约有 0.5 小时的身体锻炼。而这 2 项调整让我的精力更加旺盛。我必须维持精力恢复的时间账户，以不伤害身体为代价地工作。并且，我增加了身体锻炼，让自己的续航能力变得更强，毕竟每一个北漂的穷孩子都生不起病。

从场景上而言，我绝大多数的时间都待在公司。连周末都会去公司待一会儿，在公司里待的时间平均每周 7×14 小时（平均每天 14 小时），这 14 小时覆盖了工作、学习、部分社交及部分锻炼时间。

我是一个典型的不折腾会死的人，是一个通过发明方法论来让自己的处境更好的那种人。我深知不能把 1 年的经验吃好多年，因此我十分清楚哪些事情是属于卖苦力，哪些事情能够让自己获得成长。

当时的我已经从客服岗转到运营岗了，接触的业务大多数都是我没接触过的，很多时候都是一边学习一边摸索。我像一块海绵，疯狂地汲取着养分，所以每天在公司里待 14 小时以上是非常正常的。从最开始管理游戏社区做用户运营，到后面写公告、写新闻，策划各种各样的运营活动，策划官网功能，做游戏版本管理，做数据分析……

在我看来，任何一个领域，其岗位工作都可以做模块化拆分，每个模块都一定存在优化空间。而大多数人都是依照前人的经验，给一个铲子就开始挖土，给一个斧头就开始伐木。而花费在升级自己铲子和斧子的时间，实在是甚少。**如果我们去做提升工作效率的事，就能够快速脱颖而出。**

| 序 | 时间账户 | 在公司附近租房后，心态和状态 | 统计 | 场景 | 属性 | 投入 |
|---|---|---|---|---|---|---|
| 1 | 精力恢复 | 要睡足7小时，3顿饭总计1小时 | 8小时 | 宿舍+食堂 | 必要时间 | 9.5小时 |
| 2 | 收拾自己 | 洗漱穿戴、收拾房屋等，满足基础需求 | 1小时 | 宿舍 | | |
| 3 | 通勤 | 搬家到公司附近，走路上下班 | 0.5小时 | 上下班路上 | | |
| 4 | 工作 | 以公司不开除我为目标 | 7小时 | 公司 | 工作时间 | 7小时 |
| 5 | 学习成长 | 疯狂的学习模式 | 6小时 | 公司 | 学习成长 | 6小时 |
| 6 | 锻炼 | 偶尔健身房，偶尔附近篮球场 | 约0.5小时 | 公司附近 | 自我时间 | 平均约1.5小时 |
| 7 | 情感 | 没精力没钱，有空跟家人打一个电话 | 约0小时 | / | | |
| 8 | 社交 | 做一个职场上有用的人即可 | 约0.5小时 | 公司 | | |
| 9 | 消遣娱乐 | 打游戏、刷小说等廉价娱乐 | 约0.5小时 | 随处 | | |

这种提升工作效率的事，就跟我当初编辑客服小本本一样，是发明方法论，是成长，是构建自己的核心竞争力。**当普通人的所谓秘籍成为我自己的基本功时，**一切工作都变得简单起来。

我每天记录日记，我会分清楚哪些工作是为了生存而必须坚持的，哪些工作是为了学习成长，能够有效提升自己的业务能力的。所以才有了职场前 9 个月的飞速发展，升级速度秒杀 99%跟我一同进来的求职者。

**这不是一个励志故事，而是通过自我管理复盘出来的、人人可复制的方法论。**

如此疯狂投入职场的第 18～24 个月，我有了自己所负责的领域，自己负责的项目。然后工作就进入了理想状态，时间账户分配如下表所示。

| 序 | 时间账户 | 参加工作的第18~24个月状态 | 统计 | 场景 | 属性 | 投入 |
|---|---|---|---|---|---|---|
| 1 | 精力恢复 | 睡足7小时，3餐总计1小时 | 8小时 | 宿舍，上下班路上 | 必要时间 | 9.5小时 |
| 2 | 收拾自己 | 洗漱穿戴、收拾房屋、收拾自己 | 1小时 | | | |
| 3 | 通勤 | 走路上下班 | 0.5小时 | | | |
| 4 | 工作 | 完成岗位任务目标 | 3.5小时 | 随便哪里，已经不重要了 | 工作时间 | 3.5小时 |
| 5 | 学习成长 | 学习发明方法论 | 基于自己喜好分配 | | 自我时间 | 11小时 |
| 6 | 锻炼 | 和同事一起运动 | | | | |
| 7 | 情感 | 亲情&友情&恋爱 | | | | |
| 8 | 社交 | 一丢丢的职场社交 | | | | |
| 9 | 消遣娱乐 | 娱乐和消遣 | | | | |

最大的改变是，每天只需要花 3.5 小时就可以收拾完自己手头的工作了，余下的大把时间任由自己分配。

如果你真的做到了“别人的秘籍不过就是你的基本功”的时候，你面对一些常见的业务难题，就跟学霸遇见题目一样，这些技能都是靠疯狂学习、日常练习来积累的，它是 Python，是 Excel，是写 PPT，是写策划案……普通的问题，看一眼就能知道问题在哪里？啥问题捣鼓几下就可以快速搞出来，而且做得比别人好。

## 若非生活所迫，谁愿意当“卷王”

现在回想我自己的职场前 24 个月，整体盘点，如下页表所示。从初期的慌乱到中间的苦哈哈，再到后面的从容。一路走来，真的是唏嘘不已。

就这样，我让自己在工作的第 18 个月便拥有了绝对的职场安全感。每个没钱、没背景的年轻人，只有改变自己的时间分配，舍弃掉一些东西，才能够有能力去选择自己想要的生活。同样我见过太多已经开始混日子的人，守着自己的那一摊业务，在本应奋斗的年纪，把自己工作之余的时间大部分放到游戏、逛街、购物和吃喝玩乐上了。

工作满两年，我存了一些钱（其实因为忙碌，我也没有多少消费时间），还清了大学的助学贷款，无论在经济还是在能力上，我都改变了自己的职场境遇。我告诉爸爸妈妈我的存款数字，以及跳槽后的工资待遇，“你们的儿子早已经在大城市站稳脚跟了，不会再因为钱而担心了”。虽然事业上没有取得多大成就，但在我看来，见到爸爸妈妈欣慰的笑脸就是我最大的成就。我想，每一个在大城市奋斗的孩子应该都有体会。

现在来看，我感觉每一个穷孩子都可以做到，前提是你有一颗奋斗的心，像投资理财一样对自己的时间进行合理分配。在此基础上，增加实际可操作性，让命运被自己掌握，从而**走顺自己的职场生涯初期的发展之路！**

像我这样工作的前 24 个月，每天能够在单位待 14 小时的，按照现在互联网上的话来说，就是被大家讨厌的“内卷怪”“工贼”，或者在某些键盘侠的眼里，“996 ICU”都是我这类人搞出来的。

但是在公司待的时间足够长，并不等于无效加班，那些年也没朋友圈可以让你晒给老板看。

| 时间账户 | 刚北漂住得远时，心态&状态 | 公司附近租房后，心态&状态 | 参加工作的第18~24个月的状态 |
|---|---|---|---|
| 精力恢复 | 睡6小时就够，3顿饭总计1小时 | 要睡足7小时，三顿饭总计1小时 | 睡足7小时，3餐总计1小时 |
| 收拾自己 | 洗漱穿戴、收拾房屋等，满足基础需求 | 洗漱穿戴、收拾房屋等，满足基础需求 | 洗漱穿戴、收拾房屋等，收拾自己 |
| 通勤 | 为了省钱，先住远点吧 | 搬家到公司附近，走路上下班 | 走路上下班 |
| 工作 | 接电话、写文档、回复玩家消息 | 以公司不开除我为目标 | 完成岗位任务目标 |
| 学习成长 | 参与公司培训+刷网页+写东西 | 疯狂的学习模式 | 学习发明方法论 |
| 锻炼 | 几乎没有，通勤路上换乘被动运动 | 偶尔健身房，偶尔附近篮球场 | 和同事一起运动 |
| 情感 | 没精力没钱，有空跟家人打个电话 | 没精力没钱，有空跟家人打个电话 | 亲情&友情&恋爱 |
| 社交 | 几乎没有任何社交，活下来再说 | 做个职场上有用的人即可 | 少量的职场社交 |
| 消遣娱乐 | 打游戏、刷小说等廉价娱乐 | 打游戏、刷小说等廉价娱乐 | 娱乐和消遣 |

| 刚刚北漂时 | 属性 | 投入 |
|---|---|---|
| 没有钱<br>只能住得远<br>工作毫无竞争力<br><br>只能靠出卖苦力一样生存，对自我时间的掌握非常少 | 必要时间 | 11小时 |
| | 工作时间 | 10小时 |
| | 自我时间 | 浮动<br>平均约3小时 |

| 附近租房后 | 属性 | 投入 |
|---|---|---|
| 增加了睡眠<br>增加了运动<br><br>每周7x14小时在公司<br><br>时间尽量投入在学习成长上 | 必要时间 | 9.5小时 |
| | 工作时间 | 7小时 |
| | 学习成长 | 6小时 |
| | 自我时间 | 平均约1.5小时 |

| 第18~24个月 | 属性 | 投入 |
|---|---|---|
| 完成岗位任务得心应手<br><br>拥有了大量的可自由分配时间<br><br>面对生活更加从容 | 必要时间 | 9.5小时 |
| | 工作时间 | 3.5小时 |
| | 自我时间 | 11小时 |

我清晰地知道，我在单位待的 14 小时里，哪些时间是用来工作的，哪些时间是用来成长的。我确实在工位待的时间长，但不是磨洋工，反正回家也没啥事，不如在公司加班和学习，甚至利用健身房锻炼身体。当时的我，看完了 Gameres（行业内的专业论坛）上的每一篇文章，并且自己输出了很多方法论和清单。

所以才有了后面，用我们领导的话说，一个人顶 3 个人的输出。我仅仅用 3.5 小时就完成了手头上的所有工作（但是我并不会让领导知道这件事），然后把余下的时间投入其他几个时间账户里。

比如，把自己的团队管理得井井有条，然后跨部门社交为自己的团队增加业务影响力。也可以选择准点下班，和女朋友逛街、看电影、打游戏、消遣娱乐。或“卷”或“躺”，全由本心。当然，我最喜欢投入的是身体锻炼、阅读、写作和输出。

我也不想“卷”，但是生活没办法，真的很难。

或者不是每个人都可以感受，一个普通大学毕业生、下岗工人家庭的外地孩子在刚刚北漂时，那种没有钱的窘迫，以及贫穷带来的自卑。

无法设身处地地体会那种工作第一个月后，从倒班客服共享电脑，到拥有自己独立电脑的那种欣喜感。

奋斗了十余年，在一线城市付了首付，背上了房贷，终于有了一线城市孩子从小就拥有的一切。

多年以后，我深夜依旧坐在科兴科学园的工位上码字，一定会想起自己当年下了夜班后依旧在公交车上努力改东西而后睡着的那个遥远的下午。

## 价值观影响时间账户的分配

聊一聊我对不同时间账户的思考，如下表所示。

| 序 | 时间账户 | 举例说明 | 属性 |
| --- | --- | --- | --- |
| 1 | 精力恢复 | 充足的睡眠，营养的三餐 | 必要时间 |
| 2 | 收拾自己 | 洗漱穿戴、洗衣、收拾房屋等 | |
| 3 | 通勤 | 从家到公司，从公司到家 | |

## 恢复精力

睡眠这个事大多时候靠的是自律，太多的大城市的奋斗者，真的睡不够 7h。白天一天都是工作，晚上的时间才是自己的。于是熬最狠的夜，涂最贵的眼霜，报复性晚睡，然后第二天又被闹铃叫起。

三餐的事，在早年，我真的就是能补充能量，让自己健康地活着就行。直到某些时候，我才觉知到，吃饭是有社交属性的。我自己一个人的时候，能多简单就多简单，如果是超过 2 个人的行为，那吃饭就赋予了其他的性质和意义。

## 收拾自己

我是一个做互联网的男生，活得就跟“社畜”一样，某些东西对我而言可能不重要。在不同的环境要明白什么更重要。我曾经想象自己是一个女孩子，或者是一个销售，亦或者是在窗口工作的人，有些岗位对仪容仪表是有要求的，什么是构成竞争力及职业所需求的，社会上对不同的群体制定了不同的标准和规则。

收拾自己不光是自己，还有自己的生活，而太多的人，光是周末收拾一下屋子，就把自己的时间全部用掉了。有些人，每天光是思考今天穿什么衣服、如何打扮，就把自己的很多时间给用掉了。

我在大学期间就读过许多类似《断舍离》的知识，也能够判断什么是必要的东西。年轻的时候物质匮乏，赚了钱需要满足一些物欲，以证明自己的拥有，为自己增加底气。我也曾经买过很多没用的东西，而当我搬过几次家之后，想法就自然而然地改变了。后面维持必要、品质较好的生活必需品即可。

我一定要打扮得很好看才可以出门，和我只维持必要的干净和整洁就行，这就是不同的价值观。每个人在意的东西和不在意的东西，影响了选择。

## 通勤

我曾经很认真地劝一个同事搬到公司附近住，苦口婆心地跟他罗列了无数好处，道理都懂，但是他就是不愿意搬家，依旧坚持每天让通勤的时间达到 3 小时。

他说，“已经在那里住习惯了，而且住得远，单程要一个多小时，不想在公司多加班，老板有事也不会第一时间找我，可以早点下班回家，就是想给自己一个好的住宿环境，我有一个很爽的周末”。这些选择的背后，其实就是价值观的选择。

大家都是租房住，他的通勤时长是我的 9 倍，（10 分钟和 90 分钟）。可以想象，他的职场竞争力是远不如我的。所以我们差不多前后脚进公司，12 个月之后，只从收入而言，我已经是他的 3 倍了。

这种事，其实说到底，就是钱的问题，在这一点的选择上，其实是看个体的价值观。远和近一定选近，然后在近的前提下，根据自己的经济水平进行选择。由俭入奢易，由奢入俭难。

在职业初期，我是刻意选择让住宿的环境仅仅满足睡觉、洗澡、晾衣服，而并非选择生活的环境。这样，我才更愿意待在公司。在早期，只为积累更好的职业竞争力。

即使是我后面挣钱比较多的时候，无论何时，我都是努力保持步行上下班，单程不许超过 30 分钟。钱可以用很多种方式赚，而时间和体力浪费在路上就是非常不值当的事情了。

上述 3 个账户的投入，可以说是一个人生活在世界上，与人社交的必备要素。当然在如今的这个年代，如果你有机会可以长期远程居家办公，比如我曾经有一段作家和自由职业者的时间，基本就不用通勤，打开电脑就写作，由于也不需要与人社交，只维持基本的洗脸刷牙，穿个睡衣就能干活。

在此基础上，剩余的时间分配，才是拉开自己和其他人差距的投入。

每个人每天只有 24 小时，所以除去必要时间和工作时间，剩余的自我时间分配才是重点，才是构成个体社会竞争力的根本。你在某个时间账户里投入的时间越多，你获得的收获就越多，

必要时间外，剩余的就是工作时间和自我时间的支配，如下表所示。

| 序 | 时间账户 | 举例说明 | 属性 |
| --- | --- | --- | --- |
| 4 | 工作 | 开会、写文档、协作、交付结果 | 工作时间 |
| 5 | 学习成长 | 读书、听课、输入输出知识 | 自我时间 |
| 6 | 锻炼 | 运动、锻炼、健康投资 | |
| 7 | 情感 | 亲情、友情、爱情等 | |
| 8 | 社交 | 亲情、友情、邻里情职场社交等 | |
| 9 | 消遣娱乐 | 游戏、视频、微博、小说、漫画 | |

## 工作

工作在我早年的认知定义里，就是出卖自己的时间换取劳动报酬。生存和赚钱为第一要务。

而每个人对工作的定义是不一样的，这世界上的工作实在太多，比如追求艺术、思考哲学、攻克科学难题，关怀老人、做慈善事业，去山区支教等，这些就是自我实现层面的追求了。

而绝大多数人，基本上都要靠工作赚钱来养活自己，甚至还要养活自己的家庭。

剩余的时间投入才能够体现个体选择，不同的年龄段所面临的问题不一样，选择也不一样。

## 学习成长

在任何时候，学习成长绝对是排到第 1 位的。

你知道如何恢复精力从而更高效吗？你知道如何调养身体规避生病吗？你知道怎样锻炼才能有效减脂、增肌吗？你知道商务礼仪、交际谈吐的细节吗？你知道人际关系中的明规则、潜规则吗？你知道艾宾浩斯遗忘曲线吗？你知道如何找到正确的方式，把很多“需要坚持”的事情轻松做成吗？以及，你知道“如何学习”才可以获得最高的效率吗？一个人在学习成长账户里投资时间带来的加成是全方位的，这些都可以通过学习获得。

胸有韬略显达贵，腹有诗书气自华。一个“有货”的人，在很多场景下都是被需求的，你的谈吐、气质、风采，都会不经意间被拔高。知识不占物理空间，理论上我们可以为自己叠加无数能力，我们在这个账户里投入的时间越多，带来的复利越可观。亦或可以这样理解，如果我们未来想要自己和家人过上体面、财富自由、受人尊敬的生活，就应当在学习成长的时间账户里持续地投资。

## 锻炼

排第 2 的应该是锻炼，很多人拼命打拼，但是透支了青春和身体，失去了健康往往得不偿失。很多做互联网的人在电脑前面一待十几个小时，生活不规律经常熬夜；很多做销售的人，全部工作都在交际应酬上，被酒桌文化绑架，觥筹交错之间伤肝伤肾。

一个人在锻炼账户里投资时间等于给自己做保养，长此以往，身体素质好，精力恢复快，基本不生病，省时间、省金钱。精神面貌好的人往往在交际应酬时也占优势，带来的正向加成同样可观。给读者推荐一篇文章《当华尔街精英脱掉衣服，你就知道他们为什么有钱了》。

余下的，随便安排吧。

## 情感

十分主观的选择，时间是有限的，总有一些东西是要在某个阶段被忽略的，维持多少投入，其实看的是个体。

父母血缘之间的情感维系自不必说，是彼此之间应尽的义务。

而伴侣之间……世间有两句话道出了很多人的无可奈何，一句是“搬起砖我没法抱你，放下砖我没法养你”，另外一句是“在最没有能力的年纪，遇到了最想要照顾一生的人”，你想“不负如来不负卿”，能力不够，往往结果就是“既负如来又负卿”。

如果我们想给彼此一个更好的未来，先把自己变成更好的人。

## 社交

这世界上有太多的道理，而在我职业生涯的早期，甚至在相当一段时间内，内心是有自卑的，都是逃避社交的。我不抽烟、不喝酒、不喝碳酸饮料，更不会去迪吧、夜店。

我并非是商人或者公务员家庭的孩子，因此很多的东西都不会，这一点我在大学的时候就看透了，我羡慕那些各种场合都非常灵活，讲话都如鱼得水的人。

我在工作前 7 年，在年会上都是躲着人，不想喝酒，也不跟领导敬酒。这很不好，可我就是这样了，我端着酒也不知道说啥，在所有的饭桌上，我都只想当个边缘人。而我的“发育方式”从来都是，希望自己是一个有价值的人，具备利他属性的人，哪怕是被人“利用”，也是一种自我价值的体现（个人认为）。并不想刻意去混迹什么圈子。

我这一套方法在某些公司，肯定毫无上升空间，幸运的是，我所在的行业，也不那么看重这些。

良性的、有价值的社交应该是能够相互促进成长，彼此成就，共同为对方提供价值。投资什么都不如投资自己，攀附往往无用，有才之人自然而然会拥有等价值的社交人脉圈。

## 消遣娱乐

消遣其实是十分必要的，是紧张劳累时候的调和剂，但是娱乐有多种，一种是消遣的娱乐，另一种是能给自己有所加持的娱乐。运动 1 小时获得的快乐，和刷抖音 1 小时获得的快乐，时间上是一样的，但是收益却不同，尽量选择能正向加成的兴趣爱好，如果你在阅读和运动的时候享受到快乐，那就恭喜了，世界上有一部分人都感受不到阅读和运动的快乐，亦或是知道这个好，但需要刻意去做。真正喜欢的事我们根本用不着坚持，而是自然而然地享受其过程的。

当自己想明白这个道理之后，时间自然而然地就会被分配给能够为自己带来加持的部分。

形成这些价值观的原因，还是跟自己的经历和所处的环境有关。

我在想，如果我的家庭条件好一些，我大概率不会做出上面的选择，吃那些苦。

我在想，如果我早早地就有了女朋友或家庭，我的很多时间分配的选择都会受到制约。

我在想，如果我的家人生病需要我就近照顾，我可能就不会离开自己的父母去大城市奋斗。

我在想，如果我进入的是一个非常糟糕的小公司，公司的发展也没有那么好，我的工资可能涨得没那么快。

我在想，如果我的家境比较好，从小就跟商人家的孩子、公务员家庭的孩子一样耳濡目染，接受那种类型的教育，我一定不会做出上面的时间投入选择。且我大概率是留在父母身边，没有北漂的这段吃苦的岁月。

每个人的资源和禀赋都不一样，背后所承担的压力不一样，所以我只能做出上面的选择。然后，综合自己的经历和社会的正负反馈，去形成自己的价值观。

我的观点未必对，但这就是我当年的想法。

我甚至在想，如果让我自己再经历一回，我会不会做出同样的选择。

一个人进入负循环是一件很容易的事，而真正意义上进入正循环，依靠的是系统的、框架的力量。

如果想要获得一些东西，那么就要短暂地放弃一些东西。而短暂放弃的东西，是可以通过后续的各种方式弥补的。

## 感恩前人创作，助力我的成长

底层劳苦大众，改变人生境遇的唯一筹码就是时间。

在过往成长的过程中，但凡跟时间管理相关的内容，我都会额外关注，这种习惯持续了 10 余年。现在，我看很多的时间管理的书籍与课程，没有多少刷新感，以及大致知道他引用了哪里的内容。

所以，这一块也是推荐环节与筛选分享。

关于书籍，我比较信任豆瓣上的推荐，即**当评价数达到一定量、评分大于 7 分以上，且具有优质书评时**，这类书是值得一读的。推荐书单如下。

《奇特的一生》，作者格拉宁。

《高效能人士的七个习惯》《要事第一》，作者史蒂芬·柯维。

《吃掉那只青蛙》《博恩·崔西的时间管理课》，作者博恩·崔西。

《自控力》，作者凯利·麦格尼格尔。

《GTD：尽管去做》，作者戴维·艾伦。

此外，关于 GTD（Getting Things Done，把需要做的事情处理好）、“拖延心理学”“番茄工作法”的诸多书籍，也建议你自行选择阅读。

外版的书大多依赖于翻译质量及案例问题，读起来门槛较高，较难代入吸收。

我其实对很多外版书都有不同的看法，好多内容在如今的移动互联网、人工智能时代不太适用。非要提及哪个人、哪本书、哪个段落，解释起来又太长。

相反，国内的作者、较新的观点，较贴切的案例，更有利于我们消化。推荐书单如下。

《把时间当作朋友》，作者李笑来。

《小强升职记》，作者邹鑫。

《五种时间》，作者王潇。

之所以选择上面 3 本，是因为评价数足够多，评分都超过 7 分，且书评里有一些可以打动我的内容。

关于课程，我比较依赖诸多知识付费平台，比如得到、喜马拉雅、知乎等。还有一些个人成长方向的 IP（网络用语，指知识产权），如采铜、古典、刘润、粥左罗等。这些个人 IP 帮助了我的成长，他们都有个人修炼，也必然会提及时间管理、效率、自控一类的关键词。

因此，**我更推荐大 IP 的课程，优先看中国人写的，外国人写的书（因受翻译、年代影响）次之。**

后来，我建立了自己的知识体系，成为互联网大厂的时间管理课程讲师。

到现在，你读着我正在写的书（未来会原创课程）。

出身贫苦的我曾经淋过雨，现在想把伞递给每个有缘人。

# 第2章

/

# 用数据分析做时间管理

前面，我把时间账户分成了 9 个不同的账户。

本章，我又会做出新的划分，你会获得另一种观察和认知时间的视角。

新的分配更细致、高效且有目的性，更利于你管理好自己的时间。

## 时间管理的两个流派：专注派 VS 高效派

时间管理有很多种流派，在我的视角里，目前市面上的大多数时间管理可分为两个流派，如下图所示。

一个是专注派，从关注结果出发，只需要完成更重要的事，其他的事相对而言可能不重要。这本质上是在做选择题，是一个从诸多选择中思考做什么更重要，然后制订计划保证实施的过程。

诸如“目标管理”“要事第一”“重要紧急四象限”“合理排程”的关键词皆属于这个流派。腾讯学堂（腾讯公司的内部组织）里《高效时间管理》的课程框架就属于这个流派，我对这个课程框架是有遗憾的。

因为它无法解答**“哪些事是重要的”**，以及，我无法从课程中获得“**帮助我省出时间**”的方法。

另一个，我称之为高效派。高效派有两个方向，一个是自我管理，关键词如“拖延症”“自控力”“精力管理”，这些自我管理的事弄好了，时间就管理好了。另一个是效率，很多的课程，会填充“如何把某件事做得又快又好”的内容，这些内容是大多数人都会用得到的。它帮助我做好了自我管理，使我在某些事情上做得更快。**在我看来，这种高效已经脱离了时间管理的范畴了。**

“高效派”的逻辑是，如果某些事做得更高效，那么用的时间就会变短，时间自然就省出来了。

这些年来，我阅读、观看了很多关于时间管理的内容（图书、视频、课程），从来没有一本书或课程能够认认真真地计算时间是如何被消耗的，也从来没有一本书或课程能告诉我如何挤出时间这种宝贵的资源。

所以，在写本章的时候，我反复思考及自我审视，一定要提供新的内容和视角，要把时间管理写出刷新感。

**时间是资源。**

**管理是动作。**

**时间管理，就是通过各种管理动作来帮助我们挤出时间这种宝贵资源。**

## 你拥有自己的时间颗粒度吗

上一章我介绍了时间账户的概念，是我初入职场时的疯狂状态，是年轻人拼体力的时期，这一段可以帮助普通人走顺职业生涯的早期，但是它的颗粒度比较粗糙。

“人和人之间的差距，取决于睡觉和工作之外的 8 小时！”

这个观念非常好，可是颗粒度过于粗，且大多数人可能都不知道，也从来没有计算过，属于自己的可支配时间有多少？

如下表所示，你有没有真正精准地计算过自己的时间消耗？

| $x$小时 | 必要时间 | 吃饭+睡觉+收拾自己，环境+通勤时长 |
|---|---|---|
| $y$小时 | 工作时间 | 各种会议+文档+工作软件 |
| $z$小时 | 可分配时间 | 属于自己的可支配、可投资的时间 |

我们看过很多名人做时间管理，都有自己的时间颗粒度，俗称自己的作息时间表。例如，央视某主持人去采访王健林，她和摄影组迟到了 3 分钟。等他们到的时候却发现王健林已经离开。主持人感叹道：老王就是霸气，也不给面子。其实王健林不是霸气，也不是不给面子。而是时间颗粒度不同，不同时间颗粒度的人是无法理解这 3 分钟意味着什么的。

2002 年，比尔·盖茨到访中国，在香格里拉参加一次重要会议。微软中国的工作人员为了准备他的到来，开始进行一遍又一遍的测量。比如，从电梯到会议室门口需要多少步，多少时间。和某些人握手需要几秒，合影需要几秒。而最终比尔·盖茨几乎分秒不差。这也说明，在这件事情上，比尔·盖茨的时间颗粒度甚至切分到秒的级别。

马斯克有个独特的**时间管理准则：凡是醒着，以 5 分钟为单位安排日程**。有些不太重要的，比如，午餐会在 5 分钟内吃完，因为他总觉得吃饭浪费时间（我发现成功人士大多如此）。为了陪伴孩子，他会设置出专门的家庭日，比如**“*X* 小时约会计划”**，但听说也总是被繁忙的工程事务耽搁。

这些名人都是如此划分自己的时间颗粒度的，我们自己也可以用来尝试分析自己每天的时间颗粒度。

不是数据颗粒度越细越好，而是自己要有，我的时间颗粒度一开始是 2 小时，后面改成 1 小时，最后用半小时的颗粒度试行了一段时间，又调整回 1 小时。可以说自己的一生都是在不断调整的。

尽量为自己规划好作息时间表，以方便后续用一种数据分析的方式帮助大家来梳理。

## 用数据分析量化自己的时间支出

我曾在腾讯有过两年工作经验，公司没有考勤，可以任意决定自己的上班时间，但是工作是协作的，大家默认 10:00 必须在工位上，默认 18:00 左右可以下班，但这并不意味着你可以每天 18:00 走，大公司总是很“卷”的，有很多方式让你每天忙得没有自我，所以，所谓的可支配时间，可能你也会投入工作上。只是 18:00 后，一般默认不开会，因为 18:00 前把所有的会议和沟通都弄完了。

不同的公司，其岗位和要求的作息时间不一样。对于时间安排，可能早一些也可能晚一些。在很多互联网公司，所谓的 18:00、19:00 下班，都仅仅是写在纸面上而已，公司有很多方式可以让你忙得没有自我。

我经历过的极端创业小公司，没有考勤，但是有不同的文化。我所在的部门，上午不用去，下午 14:00 到公司，凌晨 3:00 离开单位。而这个公司的部分岗位，比如人事、行政、市场等，则是早九晚六，甚至早八晚五的状态。有些岗位，比如商务、销售的工作时间和地点也不在此范围内，他们的时间更灵活自由。虽为同一公司的同事，但是因为岗位性质的原因，作息时间完全不一样。每个人都可以统计量化出自己的时间表格。

所以，此处我提供一个我自己的模板，如下表所示。

| 普通人的一天（工作日） | | | | | |
|---|---|---|---|---|---|
| 时间段 | 场景 | 状态描述 | 做什么 | 耗时 | 时间属性 |
| 8:00~9:00 | 卧室+卫生间 | 从睁眼到出门 | 穿衣+洗漱+上厕所 | 1小时 | 必要时间 |
| 9:00~10:00 | 路上+食堂 | 从出门到工位 | 通勤+吃饭 | 1小时 | 必要时间 |
| 10:00~12:00 | 公司 | 上午工作 | 工作那点事 | 2小时 | 工作协作时间 |
| 12:00~14:00 | 食堂+公司 | 午餐+午休 | 吃饭+消遣+午休 | 2小时 | 必要时间 |
| 14:00~18:00 | 公司 | 下午工作 | 工作那点事 | 4小时 | 工作协作时间 |
| 18:00~19:00 | 食堂+任意 | 晚餐 | 吃饭+运动+消遣 | 1小时 | 必要时间 |
| 19:00~24:00 | / | 自由支配 | 通勤+洗漱+可支配 | 5小时 | 必要时间 / 可支配时间 |
| 24:00~8:00 | 卧室 | 闭眼到睁眼 | 睡眠 | 8小时 | 必要时间 |

统计一下、
一天的时间如何支配。

工作日，把时间花在哪了

| 时间属性 | 耗时 | 弹性 |
|---|---|---|
| 必要时间 | 14小时 | 2小时 |
| 工作协作时间 | 6小时 | 2小时 |
| 可支配时间 | 4小时 | 2小时 |

该统计有一个大概的样子即可，
做到心中有数

**统计周期：**工作日，周一到周五

**人群职业：**互联网从业者，主要工作场景是办公室

其中 19:00～24:00 这个时间段，由于是下班时间产生的，可能不规律。有人准点下班，有人在公司“卷”，可支配的时间或主动或被动，被分配给了工作或者其他方面。

基于上述，得出不同的时间属性的耗时情况与弹性情况。

**每个人都应该学会设计表头，利用表头统计自己的各项时间情况。**

时间段项，记录格式为自己各个时间区间。

场景、状态描述、做什么项，抽象出这段时间内的主要事件行为。

耗时项，统计出各个时间段的耗时情况，方便自己做统计。

时间属性项，为每一段时间做定义，方便自己做统计。

弹性项，往往是意外的不可控因素，导致时间上可能多也可能少。

弹性时间越少，自己越可控，管理自己的能力越强。

所以我们发现，真正属于自我可支配的时间很少。而对于自我可支配时间，每个人每天的安排都不一样。可能是工作占据一部分，休闲娱乐占据一部分，情感交流占据一部分，锻炼身体占据一部分。

**影响自己人生幸福的变量，与可支配时间的多寡及投入方向有关。**这个观点后续我会多次强调和提及。

## “抄作业”！挤出近 7 小时的可支配时间

想要拥有更多的可支配时间，就需要更细化，挤出每一分时间。

认知上：

（1）将时间段细分，量化自己做每一类事情的时间。

（2）将时间属性细分，为每一分时间赋予价值意义。

比如说，我把必要时间拆分，挤出了“健康时间”，如下表所示。

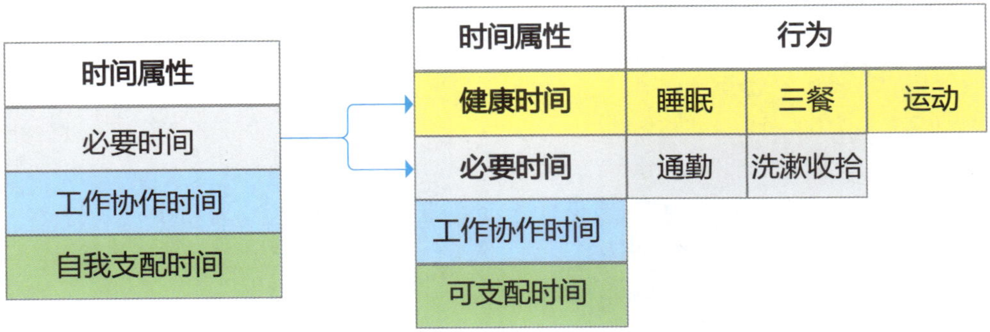


我罗列了自己每天必须做的那些事情，并专门为每类事情做了一个表格，如下页表所示。这样我就可以量化出各类事情的具体消耗有多少。这张表格可以作为参考，你可以“抄作业”，计算一下自己的时间，在空白处填上。

**状态描述**，往往是从开始到结束的时间统计。比如，中午我下楼吃饭，就是掐表计算，从屁股离开工位的椅子到最终吃完回到工位的时间。

看到这里，各位读者不妨停下来，计算一下自己的时间（粗略估计也可）。

特别定义一下必要时间，也可以叫作人参与社会活动需要付出的必要时间。有一个词叫作废寝忘食，没有说，废洗脸忘穿衣。如果不洗脸不穿衣，那么这个人可能无法正常参与社会活动。

工作是一个与人协作的社会活动，通勤+洗漱是必要时间。工作的人还需要洗脸刷牙、穿衣打扮、保持干净，以及维持基本的社交礼仪。

| 时间段 | 场景 | 状态描述 | 做什么 | 耗时 | 行为 |
|---|---|---|---|---|---|
| | 出租屋 | 从睁眼到出门 | 穿戴+收拾东西 | | 洗漱收拾 |
| | | | 洗漱+上厕所 | | |
| | 通勤路上 | 从出门到工位 | 等车+挤车 | | 通勤 |
| | | | 吃早点 | | 早餐 |
| | 公司 | 上午工作 | 工作那点事 | | 工作时间 |
| | | 整个吃饭耗时 | 排队+吃饭 | | 午餐 |
| | | 消遣+午休 | 消遣+午休 | | 睡眠 |
| | | 下午工作 | 工作那点事 | | 工作时间 |
| | 任意 | 晚餐 | 吃饭+消遣 | | 晚餐 |
| | | 自由支配 | 自由支配 | | 可支配时间 |
| | 通勤路上 | 从公司到家 | 等车+挤车 | | 通勤 |
| | 出租屋 | 睡前洗漱时间 | 洗漱+收拾东西 | | 洗漱收拾 |
| | | 入眠到睁眼 | 睡眠 | | 睡眠 |

⇒

| 时间属性 | 耗时 | 弹性 |
|---|---|---|
| 健康时间 | | |
| 必要时间 | | |
| 工作协作时间 | | |
| 可支配时间 | | |

举个例子，我自己有一段写书的时间，是自由职业者，参与社交的时间非常少。我的通勤距离就是从床边走到桌子前，不洗脸也没人说我。当然如果有一天，比如 20 年后，大家都像电影《头号玩家》里一样，带着 VR 设备参与社交行为，也许可以节省很多时间。

我自己计算了一下，梳理出一种可以同时兼顾健康的一套生活习惯，然后为自己挤出了 6.5 小时以上的可支配时间。

这些年，我帮助各种各样的人做过时间管理的相关咨询，有时间相对自由的大学生党，有每年花一半时间在各城市出差的“空中飞人”，也有 2 个孩子的职场妈妈等。我能罗列出至少 5 种以上作息方式，他们都有一种共同的诉求，即每天保障能有 $x$ 小时以上的**可支配时间。**

我的作息时间段如下页表所示，特别说明：之所以用下面的作息时间段，是因为这种作息是**最符合人群的最大公约数，特别是年轻人在努力奋斗，牵挂比较少的那几年。**所以，下页的表格供参考，这种作息方式能够帮助大多数人挤出来 6 小时以上的可支配时间。

我们发现，在公司的作息时间表中，无法变动的是 10:00～18:00 的时间段。这段时间往往是同事间需要互相协作的时间，白天的大多数时间都被各种沟通和临时事件给占据了，你的时间根本不属于你，剩余的时间才是可以被我们自由控制和调配的。很多人往往做不好控制，导致自己的可支配时间极少。因此，每天都可能会出现没有可自我支配时间的情况。在某互联网巨头公司的内部论坛上，极尽抱怨之声（实际上，抱怨的频率几乎是以月为单位的）。这些抱怨的声音让我意识到需求，也是我的创作来源。

| 时间区间 | 大段时间 | 耗时 | 时间属性 | 场景 | 行为1 | 行为2 |
|---|---|---|---|---|---|---|
| 7:00~7:20 | 1小时 | 20分钟 | 必要 | 出租屋 | 洗漱收拾 | / |
| 7:20~7:45 | | 25分钟 | 必要 | 上班路上 | 通勤 | 运动 |
| 7:45~8:00 | | 15分钟 | 健康 | 食堂 | 早餐 | / |
| 8:00~10:00 | 4小时 | 2小时 | 可支配 | 工位 | 可支配时间 | |
| 10:00~12:00 | | 2小时 | 工作协作 | 工区 | 工作那点事 | |
| 12:00~13:30 | 2小时 | 1.5小时 | 健康 | 公司沙发 | 睡觉 | |
| 13:30~14:00 | | 0.5小时 | 健康 | 食堂/外卖 | 午餐 | 消遣 |
| 14:00~18:00 | 4小时 | 4小时 | 工作协作 | 工区 | 工作那点事 | |
| 18:00~18:30 | 5小时 | 35分钟 | 健康 | 食堂 | 晚餐 | 消遣 |
| 18:30~23:00 | | 4小时 | 可支配 | 任意地方 | 可支配时间 | |
| | | 25分钟 | 必要 | 下班路上 | 通勤 | 运动 |
| 23:00~23:20 | 1小时 | 20分钟 | 必要 | 出租屋 | 洗漱收拾 | / |
| 23:20~0:00 | | 40分钟 | 可支配 | 出租屋 | 可支配时间 | |
| 0:00~7:00 | 7小时 | 7小时 | 健康 | 出租屋 | 睡眠 | |

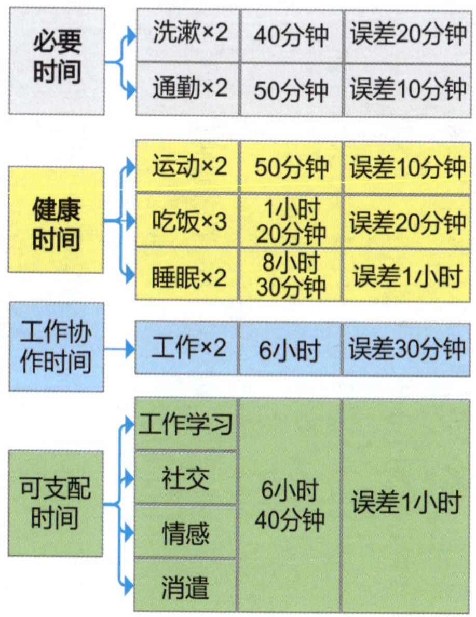

如下图所示，这是我曾经就职于某互联网大厂的内部论坛的帖子。（原图因为授权流程麻烦没法用，故下图是我造出来的。）

我之所以能挤出自己的可支配时间，其实也离不开我对自己的时间统计与复盘。只有发现了可支配时间少，发现了问题，才会不断地修正、调整和优化，并且固化成习惯。

## 习惯 1：避开排队，错峰行动

在大城市，由于人很多所以显得资源少，生活中就会出现各种各样的等待。

在外打工，大多数人都有合租的经验。出租屋大多数都是 $N$ 室 1 厅外加打隔断，我曾经住过 3 室 1 厅，里面共住了 9 个人，而卫生间只有 1 个。早上轮流上厕所，晚上轮流洗澡。

在上下班的路上，每个大城市的核心圈的公交和地铁都很拥挤。比如，北京的天通苑和国贸，一般要等 3 趟车，你才可能挤上车。如果赶上下雨，交通甚至会瘫痪。这种事情如果每天发生 2 次，就是对体力和时间的双重消耗。

如果你在大公司上班，比如笔者曾经在腾讯和字节跳动上班。早上如果你跟大多数人一起上班，公司门口的闸机前就会排起长队，食堂吃饭也要排队。如果你中午和晚上都选择下楼吃饭，那么你需要排队等电梯的事情一天会经历4～5次。同样，我也提供一个表格，帮助大家统计自己在各个时间段中因为排队造成的时间损耗，如下页表所示（大家也可以在表中的空白处填写自己的排队耗时情况）。

损耗时间项，为了做某事，但因各种原因造成的时间损耗。

实际有效时间项，实际做这件事使用的时间损耗。

比如，我中午点外卖花费的时间是25分钟，其中15分钟是下楼取餐等待的时间（包含吃完扔垃圾的时间）。真正端上桌子吃的时间只有10分钟。那么损耗时间就是15分钟，实际有效时间就是10分钟。

你可能会问，有没有必要抠得这么细？这就是**人和人之间对待这些时间的区别了。**

这件事分场景来说，大公司的高管在“**工作日忙碌**”的时候是秘书直接安排好一切的，所有时间都排得无比紧密，就是为了省一点点时间。他们对吃饭的要求就是吃饱就行，因为剩余时间要用来处理别的事情。而他们在“**社交应酬**”的时候，吃饭又是另外一个性质，他们“**陪伴家人**”的时候，吃饭又是新的性质。

这些事情几乎天天发生，我们明明是可以完成某一个目标的，结果因为各种各样的排队搭进去很多时间，时间长了，就麻木了，就会认为这是正常的，如同房间里的“灰犀牛”，反正大家都一样。

不，这是不正常的！

这些时间账只要去统计，就可以清醒地意识到，时间损耗在这些事情上实在是血亏！

<table>
<tr><th>时间段</th><th>场景</th><th>状态描述</th><th>做什么</th><th colspan="2">排队等待损耗</th><th>损耗时间</th><th>实际有效时间</th></tr>
<tr><td rowspan="2"></td><td rowspan="2">出租屋</td><td rowspan="2">从睁眼到出门</td><td>穿戴+收拾东西</td><td colspan="2"></td><td></td><td></td></tr>
<tr><td>洗漱+上厕所</td><td colspan="2">合租房等厕所排队</td><td></td><td></td></tr>
<tr><td rowspan="2"></td><td rowspan="2">通勤路上</td><td rowspan="2">从出门到工位</td><td>等车+挤车</td><td colspan="2">等车&挤车&堵车排队</td><td></td><td></td></tr>
<tr><td>吃早点</td><td>早餐排队</td><td>电梯早高峰</td><td></td><td></td></tr>
<tr><td rowspan="4"></td><td rowspan="4">公司</td><td>上午工作</td><td>工作那点事</td><td colspan="2"></td><td></td><td></td></tr>
<tr><td>午餐</td><td>排队+吃饭</td><td>午餐排队</td><td>电梯午高峰x 2</td><td></td><td></td></tr>
<tr><td>消遣+午休</td><td>消遣+午休</td><td colspan="2"></td><td></td><td></td></tr>
<tr><td>下午工作</td><td>工作那点事</td><td colspan="2"></td><td></td><td></td></tr>
<tr><td rowspan="3"></td><td rowspan="2">任意</td><td>晚餐</td><td>吃饭+消遣</td><td>晚餐排队</td><td>电梯晚高峰</td><td></td><td></td></tr>
<tr><td>自由支配</td><td>自由支配</td><td colspan="2"></td><td></td><td></td></tr>
<tr><td>通勤路上</td><td>回家</td><td>等车+挤车</td><td colspan="2">等车&挤车&堵车排队</td><td></td><td></td></tr>
<tr><td rowspan="2"></td><td rowspan="2">出租屋</td><td>睡前洗漱时间</td><td>洗漱+收拾东西</td><td colspan="2">合租房等浴室排队</td><td></td><td></td></tr>
<tr><td>入眠到睁眼</td><td>睡眠</td><td colspan="2"></td><td></td><td></td></tr>
</table>

我们的可支配时间、精力、体力就是被这些东西给占据的，我们的焦虑就是被这些事给增加的。

怎么挤？

有些问题可以付更多的钱解决，而钱对年轻人是很重要的资源。所以错峰行动，是在不增加经济负担的情况下的一种解决方案，具体解决方案如下。

（1）搬家到公司附近，节省通勤时间，距离近，可以走路或骑车，雨天不愁，从此告别堵车。

（2）只要你比其他人提前一个半小时到公司，那么公司闸机+早餐+电梯从来都是畅通无阻的。

（3）午餐和晚餐错峰吃，或通过外卖、带饭的方式节省时间（当然必要的社交、团建等集体行为不在此范畴内）。

（4）了解室友的习惯，了解自己的生物钟，早上上厕所、晚上洗澡，尽量避开室友。只要有排队，就尽量调整避开。

我曾经在腾讯工作过，公司没有打卡考勤的制度，但是约定俗成的是，10:00 要出现在工位上。

同事开车上班，某日突然发朋友圈感慨：“如果 7:00 出门，那么 7:30 可以到公司；如果 7:30 出门，那么 9:00 也不一定能到公司”。

我曾经试过，分别在早上 7:00、8:00 和 9:00 到公司，同样是完成打卡过闸机、食堂吃早点、坐电梯到工位这些事。如果 7:00 到公司，那么 7:20 我就可以出现在工位上；而如果 9:00 到公司，那么 10:00 我才能出现在工位上。

这些时间非常零碎，而加起来非常多。

## 习惯 2：养成好习惯，巧妙投资健康

健康的基准线是睡眠和饮食。在此基础上，运动和心情有加持。更详细的内容我们后面再讲，这里讲一些习惯上的改变。

**睡眠不足是职场人的常态。**大家或主动或被动，总有熬夜的时候。被动的睡眠不足，大多数时候并不可控，如生病、加班、临时出现问题需要你处理，等等。

主动的睡眠不足，纯粹是自己的选择，如应酬到比较晚，追剧、看比赛、刷视频等消遣。然后开启朋克养生，“啤酒配枸杞”“敷最贵的面膜，熬最晚的夜”等一边作死一边自救的养生方式。

不管是被动还是主动，总会造成自己的睡眠不足。我参加工作的早年，熬夜大多数时候都是被动的。因为工作的原因，我经常面对各种意外，并且公司加班多，致使自己晚上严重睡眠不足。在那种环境之下，大家都习以为常，但长期如此，确实很影响健康。

只要对自己的时间支配进行分析，就会反思、复盘，以及推演自己生活中的各种不正常，然后尝试各种各样的可能性。

中午的那段时间需要好好利用。中午是一定要吃饭的，余下的时间可以用来社交、娱乐、睡眠甚至锻炼。

一般人的常规做法是，电梯排队，走路到食堂，点餐排队，找座位排队，吃完上楼等电梯继续排队。坐到工位上刷手机。一算时间发现自己吃个饭居然花了 1 小时，最后留给睡眠的时间可能不足 30 分钟。

我只需要颠倒一下顺序，先选择睡觉 90 分钟，然后起床找吃的。那么 90 分钟的睡眠就充足地为自己充电了。13:30 起床，无论是带饭、点外卖，还是去堂食。在这个时间，没有一样是要排队的。

于是，中午的大段时间就可以有很好的睡眠补充。如果睡眠是充足的，不需要补充，那么中午就把这 90 分钟分配给健身房，逻辑也是一样的。同样是中午的时间，其时间利用效率是不一样的。长期下来，睡眠充足与否，可以直接影响人的健康状态与精神面貌。

很多同学都会用晚上下班的时间去锻炼身体，这显然有一些浪费，只要稍微改变一下习惯，有些时间是可以投入健康里的。

每天有 2 次的通勤时间，这一段时间，完全可以同时完成通勤和运动 2 种行为。

距离近，全程走路或骑车；距离远，一段交通工具加一段步行或骑行。我自己在坐电梯的时候，也会有刻意提前出电梯，选择爬楼梯的行为。这些是从容的、时间充足下的个体选择，是为了锻炼、投资健康账户，而并非匆忙的、赶时间的行为。

如此便可持续地、自然而然地、被动地、不经意间地把时间投入健康账户里。健康状态越稳定，意外就越少发生，而且精力充沛，做其他事情的质量也更高，可支配的时间就会比不投资健康的人更多。

## 习惯 3：提升社交质量，控制社交频次

非必要不社交其实是很难的选择，因为人是天生的群居者。人是社会关系的总和，从某种意义上说，社交就是生活的一部分。

如果你想要持续地挤出属于自己的时间，那么你很容易变成独来独往的状态。毕竟前面说的很多习惯，都逆着大多数人的状态。

比如，如果选择早起、不排队，你可能跟室友就少了交流的机会。

比如，如果选择午休时间锻炼，跟同事错峰吃饭，你就失去了八卦的机会。

比如，如果大家等电梯时，你非要爬楼梯，你就显得极其不合群。

这些行为自然而然地使你跟人的接触时间变少。

支持这种行为的论调也有，比如，**要走少有人走的路，如果你跟大多数人都一样，你将普通成什么样？**不管你的不合群达到什么程度，你都要明白且不得不去重视这个问题。

选择的背后意味着什么？得到了什么？失去了什么？心中得有数。

我的上述选择使我收获了健康和额外的可支配时间，增加了我在其他方面的容错性。

放弃的是什么呢？可能是跟一些同事的午餐社交，毕竟有些话在某些场合适合讲出来。比如讲八卦这种事，就会提升同事间的信任感和亲密度。人和人熟悉后，会提升磨合性和容错性。在原始社会，大猩猩之间是通过互相梳毛来提升亲密度的，以对抗不确定性，有了危机的时候，可以互相帮助。毕竟，熟人社会，在哪里都有，这是刻在人体基因内几万年的密码。

在职场中，如果你少了信息源，你的领导发现你无法跟同事一起玩，你也无法调动一些人，领导找你了解某个同事的情况你也不清楚，那么你很容易变成“孤臣”，很容易失去被提拔的机会。

我曾经在做出改变前（放弃与同事一起吃午饭），辗转思考这类问题。随着工作和阅历的提升，你会发现，社交的质量比社交的频次重要。有些社交减去也就罢了。或者每周一、三、五和同事一起午餐，二和四选择补充睡眠。

当然，不要走极端。毕竟有人跟你说，“中午一起吃饭啊”，在不同的语境之下，有着非常多不同的含义。有些时候吃饭不单单就是吃饭，显然归属于社交的范畴。

对我自己而言，是一个靠专业谋生的人，或许某些场合的社交是不必要的。或者说，频次没有必要那么强。而某些岗位和某类性质的工作，与人社交就是他的工作内容。

如果损失了与同事一起中午吃饭的时间，出于必要，需要在其他地方进行找补。比如，下午茶时间找补，或者在晚餐后去公司附近遛弯，去健身房撸铁、打乒乓球，或者周末相约一起爬山、徒步。

习惯 3 是有争议的，如果你的公司文化和岗位要求不得不使你去做一些高社交频次的事，那么社交本身就是工作的一部分，这段时间可以贴上工作的标签。典型的情况如：有些岗位拜访客户请吃饭，应该算是工作的时间，它可以发生在一天的任何时间。

## 养成好习惯，能帮你挤出大量时间

我自己曾经在某几年中，对几个时间账户的分配，做到了“既要，又要，还要”。我的时间账户分配如下页表所示。

关于时间统计的具体分配见前面的章节。

通过数据分析，我将我在周一到周五期间的必要时间、健康时间和工作协作时间与可支配时间进行了如下表所示的分配。

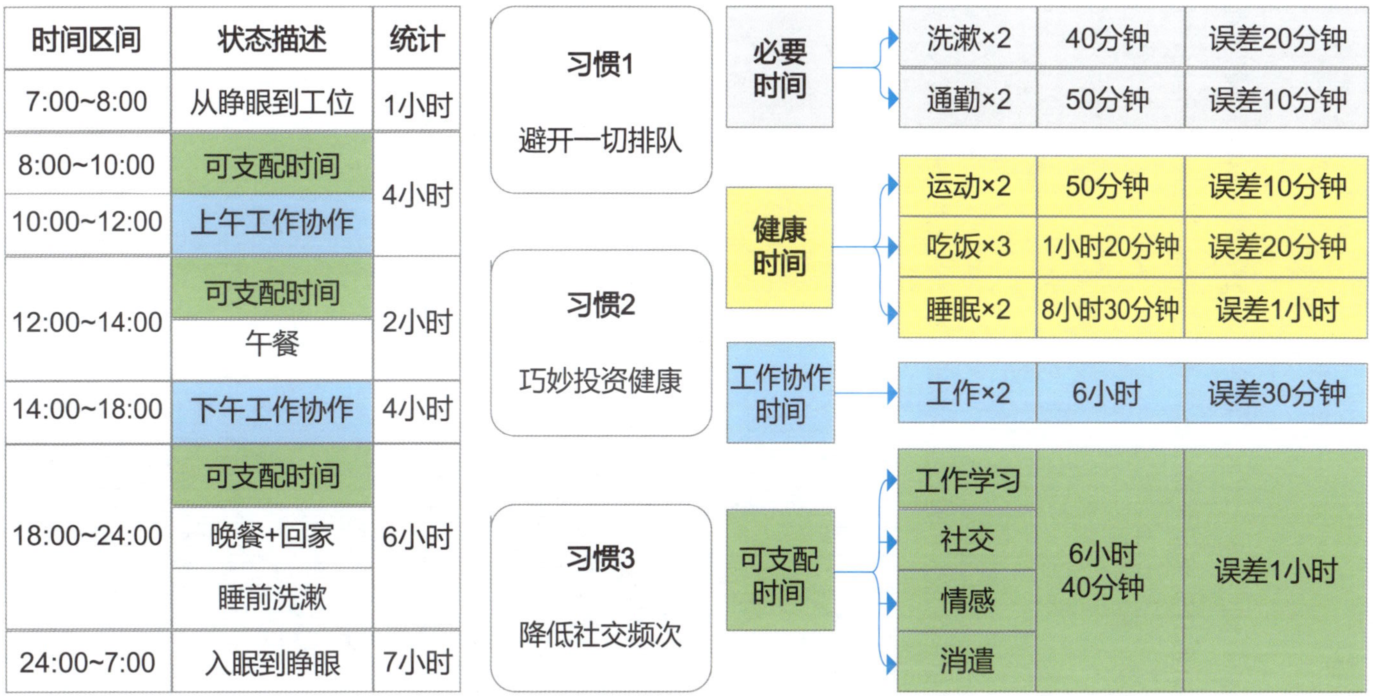
时间区间
状态描述
统计
7:00~8:00
从睁眼到工位
1小时
8:00~10:00
可支配时间
10:00~12:00
上午工作协作
4小时
12:00~14:00
可支配时间
午餐
2小时
14:00~18:00
下午工作协作
4小时
18:00~24:00
可支配时间
晚餐+回家
睡前洗漱
6小时
24:00~7:00
入眠到睁眼
7小时
习惯1
避开一切排队
习惯2
巧妙投资健康
习惯3
降低社交频次
必要时间
洗漱×2
40分钟
误差20分钟
通勤×2
50分钟
误差10分钟
健康时间
运动×2
50分钟
误差10分钟
吃饭×3
1小时20分钟
误差20分钟
睡眠×2
8小时30分钟
误差1小时
工作协作时间
工作×2
6小时
误差30分钟
可支配时间
工作学习
社交
情感
消遣
6小时
40分钟
误差1小时

## 必要时间

早晚的洗漱控制在 40 分钟内，如果没有独立卫浴条件，可能会存在 20 分钟误差。通勤上下班的时间采用走路或骑行的方式基本不迟到，误差比较小。**错峰行动，可以最大化压缩必要时间。**

## 健康时间

每天能够稳定保证 8 小时以上的睡眠，三餐稳定而准时的摄入，至少 50 分钟的运动。运动时间同通勤时长，未统计主动选择爬楼梯的时间。**这不是自律，而是自然而然的安排，养成了习惯，就被动地发生了。**

## 工作协作时间

这里不能称之为分配，应该是公司对我的要求，至少在这些时间里，我是被各种会议、对接、验收、推进、汇报给占满的。作为一个成熟的职场人，理应保持在线状态，很多时候是不能选择的。而当你走到管理层的位置时，白天的所有时间都不是属于自己的时间。光协调就消耗了大多数时间，或者说，白天没有整块时间来思考。**要做点什么，要么中午拿整块时间，要么晚上拿可支配的时间投入。**

## 可支配时间

我能够挤出 6 小时 40 分钟以上的时间作为可支配时间，这段时间才是真正意义上能让我分配给自己选择的事情。

晚上的工作实际上是白天的延续，白天与人协作的时候，被打扰次数太多会使得产出效率非常低，有些需要专注的事情只能在早晚无人打扰的时候完成。这段时

**间才可以深度思考、产生心流体验，创造价值。**

晚上的社交投放给值得经营的人，作为弥补或者是拓展，我个人比较喜欢的是运动+吃饭或者娱乐，因为这段时间还附带健康和消遣等多重属性，等于把时间复用了。

晚上的情感对象一般是父母或者恋人，异地线上，同城线下。跟异性单独约会的行为算情感，非单独的行为算社交。

消遣是随时随地的，你可以插入任何一段时间内。而大多数人都是选择娱乐消遣、八卦热点、短视频、电子游戏等消耗时间较多的项目。

个人觉得拿可支配的时间来消遣有点可惜。

**问题的重点不是自己将时间分配到哪里，而是你有多少时间可以用来分配？**

划重点，**你有多少时间可以用来分配？**

流水线上的工人没有可自由分配的时间。因为他们每天要加班足够长的时间。其实偶尔想想自己，我在互联网“996 ICU”的公司工作，每天被无尽的加班占满，何尝不是另外一种流水线上的工人呢！没有了自我时间，就意味着没有可以主动改变自己境遇的资产。**我有多少时间可以用来分配，又取决于此前的诸多选择。**

时间是最公平的，你只有经过计算，像做数据分析一样，才能知道哪些地方消耗了自己的时间，才能真正意义上算明白时间投入这笔账。能挤出属于可支配的时间才是重点，如果**没有可以分配的时间，就缺失了资源，实际上什么都做不了。**

## 如此安排时间背后的决策逻辑

我为什么如此苛刻地对待某些事，其实就是因为有那 15 件事需要自己去做。

这一段略微流水，讲自己个人的经历，每个时间段的选择和心态。

因为有了足够多的阅历，并看过很多的正面和负面案例，又因为不想躺平，所以才会形成那些时间安排。这里给大家复盘一下自己的心路历程。

先看下表，7:00～8:00 的这 1 小时内我做了什么。

| 时间区间 | 统计 | 耗时 | 时间属性 | 场景 | 行为1 | 行为2 | 行为3 |
|---|---|---|---|---|---|---|---|
| 7:00~7:20 | 1小时 | 20分钟 | 必要 | 家 | 洗漱收拾 | | 听书 |
| 7:20~7:45 | | 25分钟 | 必要 | 上班路上 | 通勤 | 运动 | 听书 |
| 7:45~8:00 | | 15分钟 | 健康 | 食堂 | 早餐 | / | 听书 |

第一段大块时间，我对自己的要求是，从睁开眼睛到坐到工位上，时间控制在 1 小时内。

第一个闹钟响起的时候，就开始听得到或者喜马拉雅的音频课程，反正都是当成知识类的新闻听，同时刷牙、洗脸、洗漱穿戴，这些事情互不影响。有些内容反复听，能吸收多少就吸收多少。在通勤这段路上，走路或骑车锻炼身体，不影响戴耳机听书，3 个行为可同时进行。一直到公司，如果没有任何排队，我可以在 15 分钟内完成早餐。

如果 8:00 或者更晚起床，可能是无法做到 1 小时内从睁眼到工位的，那么我 8:00～10:00 的 2 小时可支配时间会被压缩，我心疼。

到了工位，开始 2 小时做自己的事，默认状态是输入、输出，这段时间无人打扰，十分宝贵。训练有素的话，可以比较快地进入心流状态。这段时间一般用来写作、查询资料、将想法沉淀成课件，或者复听当天早上在通勤路上或昨天晚上锻炼身体时听的内容（选择值得复听的部分）。随着公司其他同事的到来，逐渐切换到工作状态。

选择某个周期，尽量让自己的输入和输出贴近自己的工作，也就是说，8:00～10:00 的那段时间是为后面工作的协作时间准备的。比如，最近的目标是提升用户的活跃表现，那么在上午和下午这 2 个时间段，提升用户的活跃表现必然是领导关注并希望讨论的话题。在这个周期内，每天晚上听的课程是关于提升用户的活跃表现的相关内容，每天早上 8:00～10:00 都是研究提升用户的活跃表现的相关内容。然后将这个内容拿给自己这个周期使用，更好地推进工作，具体时间安排如下表所示。

| 时间区间 | 统计 | 耗时 | 时间属性 | 场景 | 行为1 | 行为2 | 行为3 |
| --- | --- | --- | --- | --- | --- | --- | --- |
| 8:00~10:00 | 4小时 | 2小时 | 可支配 | 工位 | 自我时间输入&输出 | | |
| 10:00~12:00 | | 2小时 | 工作协作 | 工区 | 工作那些事 | | |
| 12:00~13:30 | 2小时 | 1.5小时 | 健康 | 工区 | 睡觉和运动 | | |
| 13:30~14:00 | | 0.5小时 | 健康 | 食堂 | 午餐 | 消遣 | / |

看起来，上午的 4 小时是为工作而付出的，但是 8:00～10:00 的这 2 小时是学习和自我成长的时间，肌肉长在自己的身上，是深度的、具备心流状态的。而后面的工作协作大多数时间不属于自己，会被各种事拆分得七零八落。工作的那点事大多数都是沟通和汇报、对齐进度、拉资源，其形式就是各种各样的会议，我们都是被动的，这些基本上属于社交协作行为。

中午的 2 小时，如果精神不好就睡觉，如果精神好又不想工作，就去健身房，反正绝对不排队。最后留半小时吃饭即可，那半小时不听书，一边吃饭一边刷手机，就当是消遣行为了。

中午的 2 小时也算是可支配时间，我也曾用这段时间进行过社交，职场中的向上沟通+平行沟通+向下沟通大多数也会发生在这个时间段。有些时候中午不是吃饭，而是和同事一起打桌游团建，或者去拜访跨部门的同事，请他们吃饭，等等。具体时间安排如下页表所示。

下午的 4 小时跟上午比也没有差别，可能是各种各样的材料和会议，应付各类同事的响应。

接下来 18:00～22:00 的 4 小时，分为单人模式和社交模式。

| 时间区间 | 统计 | 耗时 | 时间属性 | 场景 | 行为1 | 行为2 | 行为3 |
|---|---|---|---|---|---|---|---|
| 14:00~18:00 | 4小时 | 4小时 | 工作协作 | 工区 | 工作那些事 | | |
| 18:00~18:30 | 4小时 | 0.5小时 | 健康 | 食堂 | 晚餐 | 消遣 | / |
| 18:30~22:00 | | 3小时 | 可支配 | 任意 | 自我时间-输入&输出 | | |
| | | 0.5小时 | 必要 | 下班路上 | 通勤 | 运动 | 听书 |

如果是社交模式，那么安排的就是各种各样的事情：与同事一起去运动或者加班，这个时间可以同时用来锻炼和社交；与女生去约会，这种安排就非常自由，略过不表。

如果是单人模式，那么就要避开高峰期吃饭，这个时候吃饭纯粹是维持生存、摄入能量，然后做自己想做的事，或工作或躺平，或自我研究课程学习，等等。下班通勤路上，是上班通勤路上的复制。

最后在家里的 2 小时，如下表所示，我用 1 小时运动和看视频，后面的 1 小时就是洗漱和消遣的时间了。

| 时间区间 | 统计 | 耗时 | 时间属性 | 场景 | 行为1 | 行为2 | 行为3 |
|---|---|---|---|---|---|---|---|
| 22:00~23:00 | 2小时 | 1小时 | 可支配 | 家 | / | 运动 | 看视频 |
| 23:00~23:20 | | 20分钟 | 必要 | 家 | 洗漱收拾 | | 听视频 |
| 23:20~0:00 | | 40分钟 | 可支配 | 家 | / | 消遣 | / |
| 0:00~7:00 | 7小时 | 7小时 | 健康 | 家 | 睡眠 | | |

这一段时间发生的场景都是在家里，也是可以拿来复用的。比如，与家人一起运动，那就是运动和情感陪伴；与家人一起聊天，那就是情感陪伴和消遣。我经常与家人一起泡脚，也算是增加交流时间。

最后 40 分钟，如果是单人，那么可以选择阅读，尽量不碰电子设备；如果是 2 人，那么就进行一些高质量的交流。在家里，就用好家庭这个场景空间，接近睡觉的时间点就进入梦乡，如果能不熬夜就尽量不熬夜。零点之前尽量睡着，关于昼夜节律是一个巨大的命题，一定要准时睡觉。违反昼夜节律的影响往往是后置的。早年没影响，但是会在某个年龄段给你惩罚，如果你准时睡觉，就相当于往健康账户里做投资。

关于睡眠质量，关于相处质量，关于工作质量，非常依赖一些习惯，这些习惯都是我长期通过投资学习账户，也就是我利用一切时间听书、看视频学习到的东西，我会在后面介绍。

时间规划表的安排，工作协作的时间是被锁死的，通过 3 个习惯来压缩必要时间，保证自己的健康时间，最终是为了获得更多的可支配时间。

## 一次分享会后的高频问题和答疑

我曾任职于腾讯，有幸成为腾讯学堂的讲师，第一次分享是公司的活动——“高手在民间”，课程名为《生活黑客的时间管理》。此后，我每次在讲《高效时间管理》课程时，都会在完成教学内容的同时，把自己的“私货”夹带在课程中进行输出。下面我整理一些问题给大家。

一般在答疑的时候，我的 PPT 的画面停留在这一页，大家的问题也集中在这一页，如下页表所示。

**Q: 如果我早上 10:00 到公司，晚上 23:00 离开公司，那么我的工作协作时间是多少？**

**A：**之所以叫作工作协作时间，是因为这是你必须在岗，别人找你时你需要响应的时间。即，你们一起出方案，一起核对信息等。我所在的团队很少晚上开会，所以晚上的时间属于我自己的可支配时间。

我把工作协作时间和工作学习时间分开，前者是社会化协作行为，后者则是自我成长行为。在工作上一般是两个状态，要么与人协作（推进事情），要么独立思考（琢磨怎么把事情做好）。只不过在白天的上班时间里，独立思考的时间相对比较少，当然这跟岗位性质有关，比如有些岗位被打扰的频次相对低些。

| 时间区间 | 大段时间 | 耗时 | 时间属性 | 场景 | 行为1 | 行为2 |
|---|---|---|---|---|---|---|
| 7:00~7:20 | 1小时 | 20分钟 | 必要 | 出租屋 | 洗漱收拾 | / |
| 7:20~7:45 | | 25分钟 | 必要 | 上班路上 | 通勤 | 运动 |
| 7:45~8:00 | | 15分钟 | 健康 | 食堂 | 早餐 | / |
| 8:00~10:00 | 4小时 | 2小时 | 可支配 | 工位 | 可支配时间 | |
| 10:00~12:00 | | 2小时 | 工作协作 | 工区 | 工作那点事 | |
| 12:00~13:30 | 2小时 | 1.5小时 | 健康 | 公司沙发 | 睡觉 | |
| 13:30~14:00 | | 0.5小时 | 健康 | 食堂/外卖 | 午餐 | 消遣 |
| 14:00~18:00 | 4小时 | 4小时 | 工作协作 | 工区 | 工作那点事 | |
| 18:00~18:30 | 5小时 | 35分钟 | 健康 | 食堂 | 晚餐 | 消遣 |
| 18:30~23:00 | | 4小时 | 可支配 | 任意地方 | 可支配时间 | |
| | | 25分钟 | 必要 | 下班路上 | 通勤 | 运动 |
| 23:00~23:20 | 1小时 | 20分钟 | 必要 | 出租屋 | 洗漱收拾 | / |
| 23:20~0:00 | | 40分钟 | 可支配 | 出租屋 | 可支配时间 | |
| 0:00~7:00 | 7小时 | 7小时 | 健康 | 出租屋 | 睡眠 | |

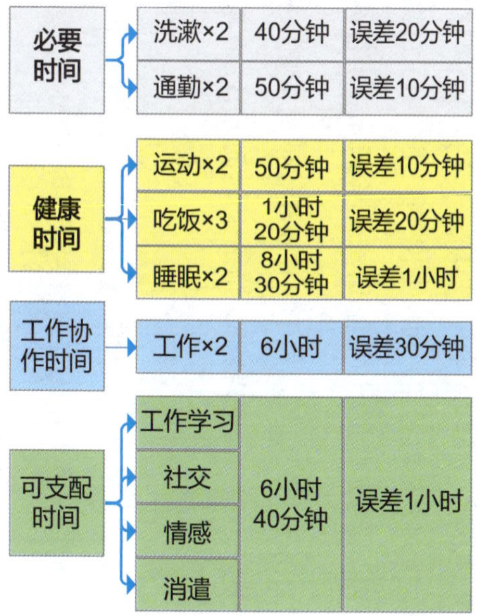

如果你的领导把会议安排在晚上 20:00～21:00，也就是说，这段时间要求你协作，那么这段时间就要加到协作时间里。

**Q：让你长时间执行这样的计划的动力是什么？**

**A：**我觉得，动力是我对我的人生有掌控感，我每天都可以有近 7 小时的可支配时间，这是我的财富，我可以把这段时间用在我喜欢的事情上，可以把这段时间用在工作上，也可以把这段时间用来照顾自己和家人。

我经历过的一些事形成了我现在的价值观。很多时候，价值观就是动力的来源。当你身上有一种“要性”，你就是想把很多事做得更好的时候，你就会执行这样的计划。

**Q：请问这样高度自律的安排，经过一段长时间后（如一年）招惰性的情绪反噬，怎么样调整？**

**A：**我不喜欢用自律这个词，这个词一听就是坚持，损耗情绪能量，意味着与本能对抗和不幸福。我喜欢用习惯这个词，比如，我们每天出门前穿衣服、洗脸、刷牙，其实也可以不干啊，也没有人说这些事是自律，对吧？

一旦养成了习惯，比如，我前面说的 3 个习惯，避开一切排队，巧妙投资健康，降低社交频次，就能够挤出 6 个多小时的可支配时间。这是财富啊，开心还来不及呢。如果我拿这 6 个多小时全部进行娱乐，你还觉得我自律吗？

我真的有过把这 6 个多小时的时间用在打游戏和追剧上，极其沉迷，中午也不睡觉，全都用来打游戏和追剧。所以问题的重点是，大多数人都挤不出 6 个多小时的可支配时间，而并非是否自律。

**Q：一开始需要将行为记在表格中的时候，是怎么快捷记录的？每到一个行为结束时，是用什么工具记录时间点的？**

**A：**我使用的工具就是在线 Excel，1 年最多 2 次，一次审视和一次规划，不需要每天都记录。

第 1 次填写的时候是审视自己的各段时间做什么，一般根据自己的习惯取平均状态。最后输出自己每天在各个时间账户里放了多少时间，以及有多少可支配时间。**最重要的是量化出有多少可支配时间**。你会发现自己的问题，比如睡眠不足、通勤时间太长、可支配时间太少等。

第 2 次填写的是规划表，你可以基于问题调整自己的安排。建议由简单到困难，然后执行**自己的行为，时间安排能够达到规划表中的 90%或 80%即可**。

规划表可以根据自己的情况进行调整，只要你的工作情况不发生变化，就不用改变它。如果工作情况发生变化，就需要调整。比如，由长期坐班改成需要频繁出差，或者换了工作，通勤、午休、上下班时间都会改变，这些情况就需要调整规划表。

我在腾讯工作了 2 年，这 2 年没怎么变。如果我换了工作，下一家公司的很多情况变了，我就会改一个适合下一个环境的版本。

我可以很骄傲地说，截至目前，市面上没有一门课程像我这本书这样“抠”日常，讲如何能省出 6 个多小时的可支配时间。故而遇见本书，你将在认知上超过 90%的人；当你开始动手盘点自己时，你就再次超过 90%的人；当你执行计划时，再次超过动手盘点里 90%的人。

## 时间规划表，用数据分析检视自我

“纸上得来终觉浅，绝知此事要躬行。”我以前讲课的时候，也会鼓励我的听众们按照我的时间规划表进行填充，腾讯的同事们的自律性还是比较强的，在我课程上留下的在线共享表格中，有相当多的同学完成了内容的填充。

比如有一位同学，是我在腾讯的同事，她非常认真和细致地填写了自己一天的行为项。填完之后，她还单独约我做了咨询，讨论她一天的安排，以及如何挤出更多的时间。

这位同学是非常认真的，我对她的一些填写项（见下图的错误示范），做了修正。

| 时间段 | 大块时间 | 零碎耗时 | 场景 | 行为1 | 行为2 | 行为3 |
|---|---|---|---|---|---|---|
| 6:30-7:20 | 1.5小时 | 50分钟 | 家 | 亲子读书10分钟 | 洗漱等 | 吃早饭 |
| 7:20-8:00 | | 40分钟 | 上班路上 | 通勤 | 微信阅读 | |
| 8:00-10:00 | 2小时 | 120分钟 | 办公室工位 | 自我成长（听课或复盘、规划） | | |
| 10:00-12:00 | 2小时 | 120分钟 | 办公室工位 | 工作沟通 | 开会 | 工作信息梳理 |
| 12:00-13:00 | 1小时 | 40分钟 | 公司健身房 | 运动 | | |
| | | 20分钟 | 饭堂 | 吃饭 | 家人电话 | |
| 13:00-14:00 | 1小时 | 30分钟 | 办公室工位 | 复盘或手机社交 | | |
| | | 30分钟 | 办公室工位 | 午休 | | |
| 14:00-15:00 | 1小时 | 30分钟 | 办公室工位 | 今日复盘 | 工作沟通 | |
| | | 30分钟 | 办公室工位 | 工作沟通 | 开会 | 工作信息梳理 |
| 15:00-17:00 | 2小时 | 120分钟 | 办公室工位 | 工作沟通 | 开会 | 工作信息梳理 |
| 17:00-18:00 | 1小时 | 60分钟 | 办公室工位 | 总结性工作 | 沟通 | |
| 18:00-19:00 | 1小时 | 30分钟 | 饭堂 | 吃饭 | 手机 | |
| | | 30分钟 | 办公室工位 | 自我成长（听课或复盘、规划） | | |
| 19:00-20:00 | 1小时 | 60分钟 | 班车 | 通勤 | 手机 | 电话 |
| 20:00-22:00 | 2小时 | 90分钟 | 家 | 亲子户外运动 | 亲子阅读 | |
| | | 30分钟 | 家 | 哄娃 | | |
| 22:00-23:00 | 1小时 | 30分钟 | 家 | 洗漱收拾 | | |
| | | 30分钟 | 家 | 准备睡觉 | | |
| 23:00-6:30 | 7.5小时 | 450分钟 | 家 | 睡觉 | | |

| 分类 | 行为 | 总体时间 | 误差值 | 姓名 | 占位时间 |
|---|---|---|---|---|---|
| 必要 | 上下班通勤 | 1.25小时 | 15分钟 | 丹丹 | 2021/12/22 |
| | 早晚洗漱 | 1小时 | 20分钟 | | |
| 健康 | 3次进食 | 1小时 | 30分钟 | | |
| | 2次睡眠 | 7.5小时 | 1小时 | | |
| | 1次运动 | 0.75小时 | 10分钟 | | |
| | 家务 | 0.5小时 | 30分钟 | | |
| 工作 | 高效工作 | 6小时 | 60分钟 | | |
| 自我成长 | 个人学习 | 3小时 | 1小时 | | |
| | 工作学习 | 0.5小时 | 30分钟 | | |
| 亲子 | 亲子 | 2.5小时 | 1小时 | | |

**修正意见1**
串行行为
不要分开写

如果这段时间进行
多任务切换，
则将各任务合并到一起

**修正意见2**
只有可以
一边做A一边做B时，
才支持并行的行为
如：地铁通勤可阅读
才适合分格子写

**修正意见3**
如果是选择题，
则可以扩列写

要么户外运动，
要么室内阅读

**提示**
总体时间超过
24小时很正常，
因为同一段时间
可能复用多个行为

超过24小时越多，
说明复用时间的行为越多

该同学的主要问题是行为上的填写错误。

比如，在“零碎耗时”的第一个 50 分钟里，行为 1、行为 2、行为 3 是依次进行的串行行为，不要分开写。而接下来的 40 分钟是可以一边通勤、一边进行微信阅读的，并行行为可以分成 2 个格子去记录，故而正确的写法如下表所示。

| 时间区间 | 大块时间 | 零碎耗时 | 场景 | 行为1 | 行为2 | 行为3 |
|---|---|---|---|---|---|---|
| 6:30-7:20 | 1.5小时 | 50分钟 | 家 | 亲子读书 | 洗漱等 | 吃早饭 |
| 7:20-8:00 | | 40分钟 | 上班路上 | 通勤 | 微信读书 | |

串行行为不要分开写
只有在可以一边做A一边做B时分开写

| 时间区间 | 大块时间 | 零碎耗时 | 场景 | 行为1 | 行为2 | 行为3 |
|---|---|---|---|---|---|---|
| 6:30-7:20 | 1.5小时 | 50分钟 | 家 | 亲子读书+洗漱+早饭 | | |
| 7:20-8:00 | | 40分钟 | 上班路上 | 通勤 | 微信读书 | |

下面详解一下填写方式。

首先，建一个表头，并定义每个表头的填写规范，如下页表所示。

比如，早上的 25 分钟，通勤+走路运动+听书，允许并行，分 3 个格子记录。如果当天下雨，那么备选行为就是打车和刷微信。

比如，中午的 2 小时默认是先睡觉、后午餐。如果精力充足，则备选方案是，去公司健身房一边运动一边刷剧。剩余的时间拿来洗澡+吃饭。时间和场景都会随之进行调整。此时，洗澡时间我没有记录，直接合并至健身时间。误差时间就是用来记录这类事情的。

| 序 | 表头 | 为什么记 | 如何记 | 示例 |
|---|---|---|---|---|
| 1 | 时间区间 | 记录时间段 | x小时~y小时 | 7:00~7:20 |
| 2 | 统计大段时间 | 切割时间 | x小时 | 1小时 |
| 3 | 耗时 | 耗时统计 | x小时/分钟 | 0.5小时 |
| 4 | 时间属性 | 定属性，统计 | 自定义 | 描述 |
| 5 | 场景 | 记录在哪里 | 记录在哪里 | 描述 |
| 6 | 行为1 | 记录行为<br>方便统计 | 并行单独记<br>串行合并记 | 描述 |
| 7 | 行为2 | | | |
| 8 | 行为3 | | | |
| 9 | 备选行为1 | 其他<br>行为选项 | 同上 | 描述 |
| 10 | 备选行为2 | | | |

定义表头及填写规则后，即可按照要求完成内容填写

备选行为是可选项，非必要添加

| 时间区间 | 统计 | 耗时 | 时间属性 | 场景 | 行为1 | 行为2 | 行为3 | 备选1 | 备选2 |
|---|---|---|---|---|---|---|---|---|---|
| 7:00~7:20 | 1 | 20分钟 | 必要 | 家 | 洗漱收拾 | | 听书 | | |
| 7:20~7:45 | | 25分钟 | 必要 | 上班路上 | 通勤 | 运动 | 听书 | 打车 | 刷微信 |
| 7:45~8:00 | | 15分钟 | 健康 | 食堂 | 早餐 | / | 听书 | | |
| 12:00~13:30 | 2 | 1.5小时 | 健康 | 工区 | 睡觉和运动 | | | 约会 | 社交 |
| 13:30~14:00 | | 30分钟 | 健康 | 食堂 | 午餐 | 消遣 | / | | |

基于上面的情况统计，可以为自己设计行为（见下表），以及统计各行为支出，分别归属于什么时间账户。总体时间可以大于 24 小时，因为**有些时间被复用了，超过 24 小时的时间越多，则复用的时间越多。**

可支配时间分配给不同账户

可支配

| 时间属性 | 行为定义 | 总体时间 | 误差值 |
|---|---|---|---|
| 必要 | 洗漱+收拾+通勤等 | a小时 | |
| 健康 | 睡眠+三餐+运动等 | b小时 | |
| 工作协作 | 工作协作 | c小时 | |
| 自定义 | 自定义 | d小时 | |
| 自定义 | 自定义 | e小时 | |
| 自定义 | 自定义 | f小时 | |

如下页表所示，我提供 4 个同学的统计表，他们使用了不同的颜色，并且自定义了一些时间属性，差不多可以用于统计个体的行为了（大家在统计自己行为的时候也可以灵活定义“分类”和“行为”）。

这些完成记录统计的同学，被自己的统计表吓了一跳。当观察到自己的某些指标有异常值时，有心者自然就会做出改变，也就是先审视、后规划。参考其他人的安排，对自己的生活做出调整。

**Q：如果周一到周五的安排不一样，比如周一和周三运动，周二和周四疯狂工作，周五出去约会，该如何记录并分析？**

**A：**先锁定社交必要+健康必要+工作协作这 3 个分类的相对稳定值，其他时间均为可支配时间。余下的时间怎么拆分都可以。无论是否做到规律，都可以算总时间后求平均值，自己心中有数即可。这个表的目标是审视自己和规划自己，而并非精准地记日记。

比如，我自己每 2 个月会有一次长达一星期的出差，那个出差的时间显然打乱了我的计划，我该做什么就做什么，我并没有去记录。出差回来后，在正常的作息时间内继续按照规划表执行。

| 分类 | 行为 | 总体时间 | 误差值 |
|---|---|---|---|
| 社交必要 | 上下班通勤 | 2小时20分钟 | 10分钟 |
| | 早晚洗漱 | 45分钟 | 15分钟 |
| 健康必要 | 3次进食 | 1小时 | 20分钟 |
| | 2次睡眠 | 8.5小时 | 30分钟 |
| 工作协作 | 上下午协作 | 7小时 | 30分钟 |
| 成长 | 做题学习 | 2小时40分钟 | 10分钟 |
| | 运动 | 30分钟 | 10分钟 |
| 娱乐 | 消遣+视频 | 3小时 | |
| 通勤时间长，缺乏运动，喜欢消遣 | | | |

| 分类 | 行为 | 总体时间 | 误差值 |
|---|---|---|---|
| 社交必要 | 上下班通勤 | 1小时 | |
| | 早晚洗漱 | 1小时 | |
| 健康必要 | 2次进食 | 1小时 | |
| | 2次睡眠 | 8.5小时 | 2小时 |
| 工作协作 | 上下午协作 | 9小时 | 2～4小时 |
| 成长 | 工作输出 | 2小时 | |
| | 独处选择 | 2小时 | |
| 娱乐 | 2次消遣 | 1.5小时 | 1小时 |
| 工作时间最多可达到9+4=13小时，睡眠时间最少仅有6.5小时，严重缺乏运动 | | | |

| 分类 | 行为 | 总体时间 | 误差值 |
|---|---|---|---|
| 社交必要 | 通勤 | 3小时 | 30分钟 |
| | 洗漱 | 1小时 | 10分钟 |
| 健康必要 | 3餐 | 1小时 | 10分钟 |
| | 睡眠 | 8小时 | 1小时 |
| | 运动 | 1小时 | 10分钟 |
| 工作协作 | 与人协作 | 7小时 | 无 |
| 成长 | 看书 | 30分钟 | 30分钟 |
| | 课程 | 30分钟 | |
| 娱乐时间 | 消遣 | 2小时 | 1小时 |
| 通勤时间长，成长时间短 | | | |

| 分类 | 行为 | 总体时间 | 误差值 |
|---|---|---|---|
| 社交必要 | 上下班通勤 | 40小时 | 20分钟 |
| | 早晚洗漱 | 30小时 | 10分钟 |
| 健康必要 | 3次进食 | 60小时 | 10分钟 |
| | 2次睡眠 | 6小时 | 1小时 |
| | 1次运动 | 1小时 | 10分钟 |
| | 家务 | 30分钟 | 10分钟 |
| 工作协作 | 协作 | 7小时 | 3～4小时 |
| 成长 | 个人学习 | 2小时 | 2小时 |
| | 工作学习 | 2小时 | 2小时 |
| 娱乐 | 2 次消遣 | 140分钟 | 2小时 |
| | 股票 | 1小时 | 1小时 |
| 睡眠严重不足，工作时间达到11小时 | | | |

## 每天这么过，仿佛拥有 28.6 小时

2020—2022 年，我在腾讯工作期间，有一套比较让自己满意的时间安排表（见下表）。它给了我很好的稳定感、成就感，以及生活掌控感。

| 时间区间 | 统计 | 耗时 | 时间属性 | 场景 | 行为1 | 行为2 | 行为3 |
|---|---|---|---|---|---|---|---|
| 7:00~7:20 | 1 | 20分钟 | 必要 | 家 | 洗漱收拾 | | 听书 |
| 7:20~7:45 | | 25分钟 | 必要 | 上班路上 | 通勤 | 运动 | 听书 |
| 7:45~8:00 | | 15分钟 | 健康 | 食堂 | 早餐 | / | 听书 |
| 8:00~10:00 | 4 | 2小时 | 可支配 | 工位 | 自我时间输入&输出 | | |
| 10:00~12:00 | | 2小时 | 工作协作 | 工区 | 工作那些事 | | |
| 12:00~13:30 | 2 | 1.5小时 | 健康 | 工区 | 睡觉和运动 | | |
| 13:30~14:00 | | 30分钟 | 健康 | 食堂 | 午餐 | 消遣 | / |
| 14:00~18:00 | 4 | 4小时 | 工作协作 | 工区 | 工作那些事 | | |
| 18:00~18:30 | 4 | 30分钟 | 健康 | 食堂 | 晚餐 | 消遣 | / |
| 18:30~22:00 | | 3小时 | 可支配 | 任意 | 自我时间输入&输出 | | |
| | | 30分钟 | 必要 | 下班路上 | 通勤 | 运动 | 听书 |
| 22:00~23:00 | 2 | 1小时 | 可支配 | 家 | / | 运动 | 看视频 |
| 23:00~23:20 | | 20分钟 | 必要 | 家 | 洗漱收拾 | | 听视频 |
| 23:20~0:00 | | 40分钟 | 可支配 | 家 | / | 消遣 | / |
| 0:00~7:00 | 7 | 7小时 | 健康 | 家 | 睡眠 | | |

备选：娱乐消遣、社交、家庭、写文章、录课程、自我实现、……

| 时间属性 | 行为定义 | 总体时间 | 误差值 |
|---|---|---|---|
| 必要 | 上下班通勤 | 1小时 | 5分钟 |
| | 洗漱收拾 | 0.6小时 | 5分钟 |
| 健康 | 3次进食 | 1小时 | 10分钟 |
| | 2次睡眠 | 8.5小时 | 30分钟 |
| | 3次运动 | 2小时 | 10分钟 |
| 工作协作 | 上下午工作 | 6小时 | 1小时 |
| 被动成长 | 听书+视频 | 2.5小时 | 10分钟 |
| 娱乐 | 3次消遣 | 2小时 | 1小时 |
| 可支配 | 可支配 | 5小时 | 1小时 |

28.6小时

求和大于24小时，说明时间被复用，可支配时间可以按照自己的需求分配

每天有 24 小时，总体投入时间求和是 28.6 小时，多出来的 4.6 小时都是同一段时间复用的。

先说固定的 3 项，必要时间压缩得足够短，健康时间非常充裕。工作协作的时间则是恒定的 6 小时。因为对其他时间进行了极致压缩，所以我每天都有足够多的自由时间进行支配，有些自由时间用来工作从而获得成就，有些自由时间用来消遣。这种规律的生活往往给了自己很多的加持，我因此也获得了相当多的成就。

参加公司的腾讯志愿者活动，做课件、做直播，给那些教育条件并不好的小学生和中学生们，以视频直播（见下图）的方式讲课。一年下来，也讲了很多场。我参与腾讯学堂，开发了《公益项目管理》课程，帮助志愿者做好每一次公益活动，拿到结果。

使用费曼学习法写文章、做课件、做分享，整理工作上的价值输出，整理自己的方法论，输出倒逼输入，入选 KM（腾讯公司内部的知识管理社区）的头条（见

下图）。在腾讯云大学上直播了 5 期分享会。

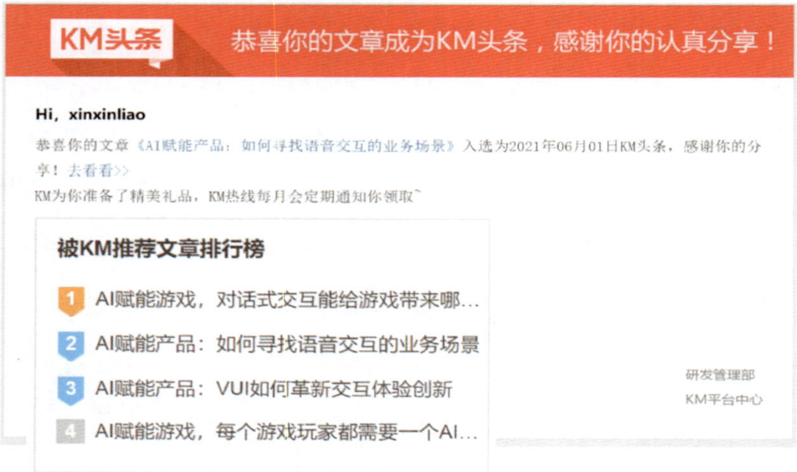


每天有 6 个多小时的自我可支配时间，我拿出 1 小时来投资自己的健康。我每天在 22:00～23:00 的这个时间段都会在家里一边运动一边看视频。运动的行为，开始是跟着健身软件 KEEP 一起跳，后面改成跟着游戏《健身环大冒险》运动，看视频的时间偶尔用来刷剧，但大部分时间用来学习公司提供的 Q-Learning（腾讯公司内部的学习网站）的课程。

于是，我不经意间就完成了《健身环大冒险》的通关（见下页图），一旦养成了习惯之后，自然而然就持续下去了。那段时间，我的精神状态非常好，每天都是满身大汗，冲个澡就睡觉。全身像充满了电一样，这就是持续地把时间投入健康账户的结果。后面因为一些其他的事情，这个习惯就断掉了，真的很可惜。

我们公司 ACADEMY（腾讯内部邮箱）的邮箱，每周四 16 点左右，会给我发邮件。

**“Hi，xinxinliao，你本周的学习时长已超过 95%的鹅厂（腾讯）小伙伴，未学完的课程等你来翻牌！”**

这种邮件连续几十周地发给我，Q-Learning 上的课程基本上被我学完了。我获得了一个成就——2021 年鹅厂知名学者（见下页图），打败了 100%的小伙伴。

| 时间区间 | 耗时 | 时间属性 | 场景 | 行为1 | 行为2 |
|---|---|---|---|---|---|
| 22:00~23:00 | 1小时 | 可支配 | 家 | 运动 | 看视频 |

每天晚上一边《健身环大冒险》，一边学习

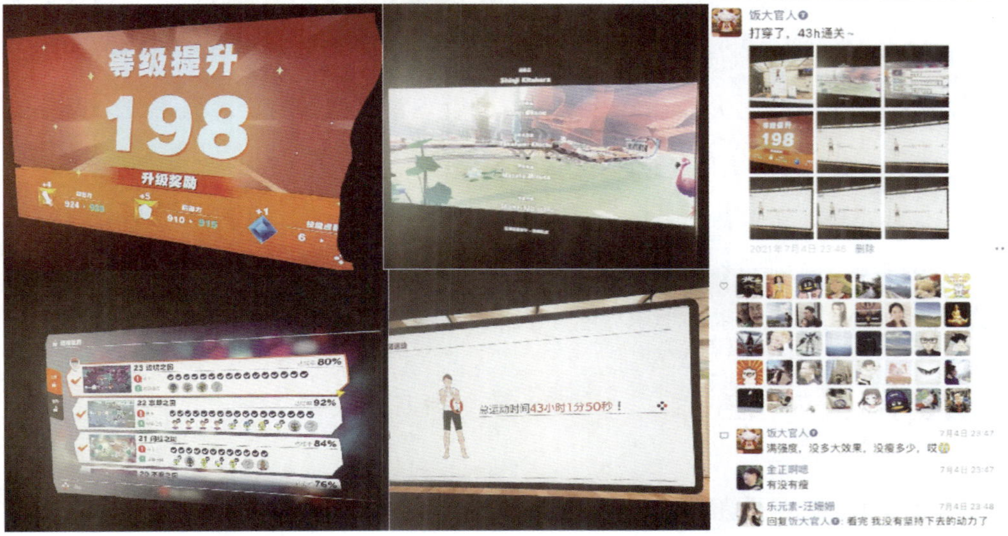


关于这一块，一边运动一边看学习类视频的效果，我会在后面详细为大家分享。

| 时间区间 | 耗时 | 时间属性 | 场景 | 行为1 | 行为2 |
|---|---|---|---|---|---|
| 22:00~23:00 | 1小时 | 可支配 | 家 | 运动 | 看视频 |

每天晚上一边玩《健身环大冒险》一边学习

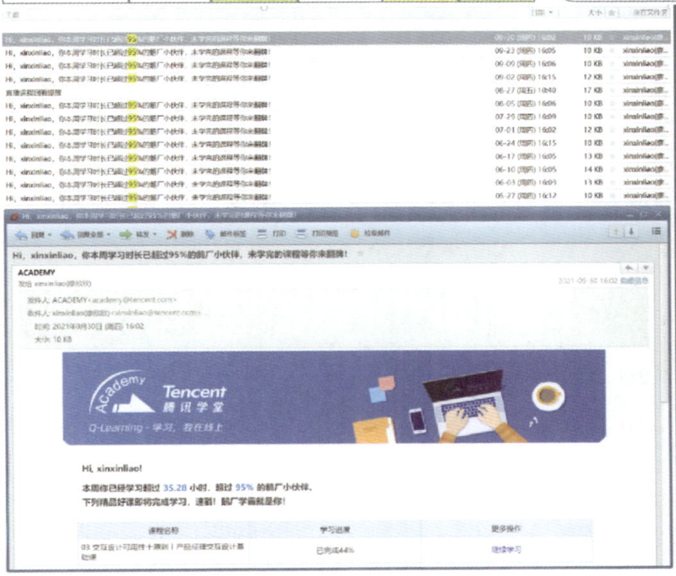


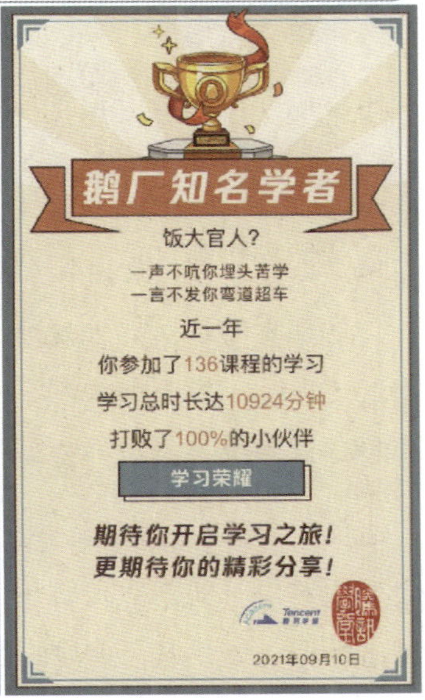

上面仅仅是我能列出来的个人成就，你说我有多自律，在我看来，这种自律就跟每天洗脸刷牙一样，成为习惯。重要的是，首先，要有可分配的时间，然后把某些事形成习惯。这个时间安排，也是我不断测试、不断实验、不断调整出来的。然后，通过腾讯学堂，以《生活黑客的时间管理》的讲师身份，分享给公司里的同事们。

前面我讲了 3 个习惯（避开一切排队、巧妙投资健康、降低社交频次），是因为这 3 个习惯，人人都可以轻松做到。而这里称之为**修炼，是因为它比较难，但通过努力是可以做到的**，追求不追求就看个人了。

## 修炼 1：同一段时间，复用到多个时间账户

我在线下分享极致压缩时间的时候，往往会对同一段时间榨取到极致。我有一个几乎会被学生 100%问到的一个问题，**“你在一段时间内同时干几件事，会不会每一件事都干不好？”**是的，这种情况经常发生在我一边运动一边看学习类视频的时候。毕竟杰夫·贝索斯、扎克伯格、马斯克、巴菲特等诸多商业大佬，都说要专注、极致，不要分心，不要一心多用，按照顺序处理。做事的时候就认真做事，只有这样才可以获得成就。

过来人说的话，还是大佬，你总得听吧。而作为一个独立思考的个体，即使面对权威也要有自己的判断力，**任何观点，都是在某些场景上才可以成立的**。

我的观点是，**低专注力的事并行搞，高专注力的事专心做。**

如果你做一些高专注度、需要支付高智力密度的事，那么你是无法同时做多件事的。比如，写文档 PPT、做数据分析、讲课、阅读邮件、下棋打牌、与人谈话，等等。这些都是高智力密度的事，希望你听大佬的话，专注、专注，再专注。

如果我做的是低智力密度的事，那么我的脑子就会空出来，会觉得无比的无聊，会想用这段时间干点什么。比如，我在健身房一旦上了跑步机，就会觉得无比的无聊。那个时候我就会刷剧，我还 1.5 倍速地看，只要自己的腿脚跟得上。后面我又

觉得为啥不可以刷学习资料呢？道理都是一样的嘛。我之所以能在跑步机上觉得无比的无聊，是因为我干的是低智力密度的事。不管我干什么，我的脚是无法停下来的。

因此，我就可以做到，一边在家里玩《健身环大冒险》的游戏，一边刷公司提供的课程内容了。即，运动和学习同时在线，我听课的时候听什么课取决于内容。如果内容是我熟悉的领域，我一定会选择倍速播放，就当是加深巩固了。我此时听的就是讲师的结构框架、表达技巧，以及案例。如果换我来讲，我会如何表达，或者从已经熟悉的内容里寻找可以有刷新感的部分。

如果内容是我不熟悉的领域，我就会标记一下，可能暂停运动，看看结构，可能会截个图、做个笔记等，然后继续听下去。如果这个知识点好，或者这个老师讲得好，那么我就单独对待，会找其他的时间复听，比如第二天早上的那 2 小时，我会用费曼学习法让自己彻底掌握这个知识点。

我的一边运动一边学习的收益是，身体持续锻炼，同时知道每个老师讲的是什么，或者扫描很多讲师的课程，当下也不求多掌握，只求开卷有益，有个印象即可，知道这里有个老师分享过什么。而当我未来遇到同样的问题的时候，我知道哪里有解决方案，关键词大致是什么，一旦某个问题用得上的时候，使用高专注度复听便是。

所以，一边运动一边学习的习惯被我衍生到各个场景。

比如，一边走路一边听书，健身房一边骑动感单车一边听书。我有段时间是骑车上班，路线无比熟悉且车技足够靠谱的我，会感觉很无聊，于是一边骑车一边听书。同一段时间，通勤+运动+听书就合并在一起了，所以时间得到了比较好的应用。

当然，我谨慎推荐一边骑车一边听书，因为有人不熟练，**路线不安全，会有危险**。我也不建议一边开车一边听书，因为菜鸟司机不熟练，容易发生安全事故。虽然我知道很多人在开车的时候都会听点什么。车技不熟的人容易走错路，或发生交通事故。

说一段我高中时期的事。

在湖北读书的同学都能秒懂，一边走路一边吃东西是非常常见的事情。我当时就经常在一段时间内做多件事。

阶段 1：走路或骑车去学校，路上吃包子，脑子里面默背古文。

阶段 2：骑车去学校，单手控方向，另外一只手吃包子，脑子里默背古文。

阶段 3：骑车去学校，双手不掌控车把，靠重心转弯，双手吃面，脑子里默背古文。

同一段时间，通勤+运动+早餐+学习，4 件事同时占了，只有背古文是高智力密度（熟练后就又成为低智力密度行为了），其他 3 件事完全是下意识的行为。在我当时的骑车路线上，几乎没有机动车，早上 6:30 去上早自习，也没什么行人，而自己骑车已经熟练得很，不断为自己增加难度，也是一种刻意练习。

我当时也没有那么爱惜时间，没有现在的概念，纯粹是好玩，纯粹是无聊，纯粹是为自己增加难度，纯粹是享受一边骑车一边吃面，以及别人投来的异样目光。当然，在骑车到学校门口的时候，也没少被门卫大爷批评我这样不安全。

由于高中时期锻炼了这种技能，所以后来早上骑车去公司的时候，就仅仅是通勤+运动+听书了。虽然我可以加上单手吃包子，但是没必要。技能是“用则进，不用则退”的，如今我也失去了双手不控车把，靠重心就可以转弯的技能了。

“一边+一边”，考验的是你对自己的掌握，如果你熟悉得不得了，你可以这么干，但是这么干有风险。所谓艺高人胆大，其实是旁观者对非凡人做出的非凡举动的感叹。真的是手艺到位了，水平到位了，做出一些行为，其实就是人家的日常，是非常稀松平常的事。

后面我在其他地方看到了世界上最顶级的运动员，他们在练习的时候，能做到一边做运球练习，一边在 iPad 上解题，就是为了随时快速思考、观察、决策，兼顾许多的点。

人家做到了把运球手艺练成本能，就不需要支付任何的思考。而我们这些普通的篮球爱好者，在运球的时候，经常盯着自己运的球，大脑的注意力都集中在防守，队友跑到好位置时也注意不到，无法及时传球给队友。

对一件事情不熟练，我干的是智力密度高的事，比如刚刚学车的菜鸟。只要我熟练了，我干的就是智力密度很低的事，我一边骑车一边想问题，不经意间就到家了。所以大脑何不拿出来开发一下，背古文、背单词都可以。

举了很多例子，身体一边动大脑一边思考是完全可行的，这样做的约束条件是，环境安全，身体做的动作非常熟悉，无论这个动作是跑步、“撸铁”、骑车、开车，还是运球。希望大家看了本书，修炼的时候也是要循序渐进，以保护自己和身边的人的安全为主。

人家是“身体和思想，总有一个在路上”，我修炼的是：**身体和思想，同时在线！达成的效果是：一段时间被我复用。**一段时间做多件事，是有着收益和风险的，而且对人是有要求的，而人的潜能是可以不断开发的。所以这是一个修炼的行为。

## 修炼 2：控制娱乐消遣，让内啡肽胜过多巴胺

我最开始对自己的要求是**戒断娱乐消遣**，后面我放过了自己，改成了**控制娱乐消遣**。

娱乐消遣是一些行为的总合集，举例而言，几十年前是武侠小说和电视机，十几年前是街机和网吧，现在是王者吃鸡、微博、短视频……从某种角度看，它们有着正向的价值意义，承担文化输出和一些具有社会责任感的事情。对大多数人而言，娱乐消遣是苦哈哈生活的避风港，是一种新型的社交方式，还可以成为那些教育不好自己孩子的大人的借口、替罪羊。

所有娱乐消遣的背后都有大量的用户群去消费时间与金钱，是这些东西撑起了大公司的市值，解决了就业问题，承担着社会责任感。任何东西都有自己的价值，如果你是从业者，那么它对你而言就是饭碗。对笔者自己而言，也是通过从事游戏行业赚到一些钱，跨越原本的社会阶层，在大城市里买房扎根。

我既是从业者也是消费者，我们身处于这个信息时代，无数的内容、娱乐、消遣行为是都投自己所好，不经意间用掉了我们的很多时间。对于不想躺平的我而言，娱乐消遣就是敌人！长期从事这个行业，因此对这类让自己产生短暂多巴胺的、具备成瘾性的东西，往往极其警惕和审慎。

有一段时间我想，我锻炼身体也有快乐，学习也有快乐，写作也有快乐。快乐与快乐有什么不同呢？最终我找到了 2 个词，一个是多巴胺，另一个是内啡肽。

多巴胺是渴望型，即时反馈，具备成瘾性。你缺什么，对方给你什么。少了多巴胺会感到空虚无聊，刺激多了就会上瘾，比如美食、情欲、游戏和短视频等让我堕落、躺平的快乐行为。

内啡肽是成就型，延时反馈，需要强自律。往往要通过努力达成去获得，强自律是逆反人性的，只有先付出痛苦，再通过持续付出才能获得快乐。比如，健身、跑步、“撸铁”，学习掌握技能并获得某种成就等，让我身体变好、知识变多的行为。多巴胺无处不在，太容易获得，因此要警惕，这个东西是躲不开的。下面分享几个我对抗多巴胺的方式。

关于娱乐消遣的应用 APP，如果**非工作赚钱需要，一律不安装**。在我的手机应用里，没有微博，没有王者荣耀，抖音也没有。如果有一天我能通过抖音赚钱，那么我会安装抖音的。或者把应用藏在自己比较难找的角落，关闭所有的桌面通知，使其无法通过推送打扰我。

我也需要消遣，**但是会控制，刻意去设计打断点**。比如，我等车坐地铁的时候会刷朋友圈、B 站，下车点就是打断点，我在食堂里吃东西的时候会刷一下，吃完了走人就是打断点。我不敢在周末躺在沙发上刷，因为没有打断点，时间就不经意间被浪费掉了。我不敢在睡前刷朋友圈，因为越刷越兴奋，可能会浪费我的睡眠时间。

曾经有一段时间，**设计堕落约束规则**，我是具备“身体和大脑同时动起来”的技能的人，我如果想刷剧了，就去跑步机上跑步，如果想干点堕落的事，就给自己的肉体加点运动量。比如，我曾经一边刷 B 站一边做平板支撑，一旦平板支撑停下来，就放弃刷 B 站。我还邀请女朋友监督我，如果我做不到就罚款。显然这种方式过于严苛无法坚持，所以我就放弃了。后面有一段时间演变成，我在自家小区，一边走路绕圈给自己加运动量，一边刷 B 站享受娱乐内容，虽然强度不大，但散步终归是好事。

以上的 3 点对抗方式，**一是非必要不安装，二是设计打断点，三是设计堕落约束规则**，这 3 点对抗方式来源于我的个体生活经验，你会规划、会安排，就能成功。很多时候，并非方式不好，纯粹是度量的问题。如果我为自己设计 B 站+平板+罚款模式，显然无法执行，约束就成为空谈，而降低实施难度，例如，小区走圈+刷 B 站就容易实现。

直到现在，我还是躲不开娱乐消遣所带来的快乐，我根本做不到绝对的戒断，我只能是控制。有的时候心情低落到极点，也会刻意地堕落一下，这个时候就会额外爽。但是我意识到，我是在娱乐消遣，绝对不会自欺欺人地骗自己，这种话我们随处可见。例如：“必要的时候还是要放松（堕落）一下的，不放松，怎么能更好地投入工作和学习呢。”无非就是为自己的堕落找理由。你为什么不去通过运动流汗去放松，至少运动对自己的健康有益。

极端堕落太容易了，胡吃海塞到深夜，打游戏到通宵，我体验过。极端自律太不容易了，我曾经尝试过完全的、极端的戒断，即所有让我自己舒服的事情，我都觉得是堕落，这种状态是要警惕的，所有让自己有一点难受，但是长期坚持下来会有收益的事，我都会尝试坚持去做以至形成自己的习惯。后面发现真的挺难的。

这个时候，我不想也不敢用养成习惯这个词，因为我自己做不到，更精准的词，是修炼。

极端自律会给自己带来负面影响，毕竟如此苦行会没有朋友的，如果我不去干一些堕落的事，让自己的社交圈缩得极其窄，也不利于自己的长期发展。但是，我清楚地知道，我在社交的同时，会刻意控制堕落行为。我佩服那种极端自律的人，在自己的事业上坚持苦修，比如梅西、C 罗、勒布朗詹姆斯、史蒂芬库里，把自己活得熠熠发光，轰轰烈烈过一生；我也欣赏那种及时行乐、随遇而安，平平淡淡才是真的人生态度。

这一段都是我自己的心路，我经历了极端堕落和极端自律，然后才适合在中间活成一种灰度的状态。像一个阀门不断地调试松紧，选择一种让自己、让他人都舒服的生活姿态。

娱乐消遣是跟我们抢时间的“故人”，我会持续如临大敌地对待娱乐消遣，修炼到位了，才能挤出足够多的时间，投入更有价值的事情上。

## 一辈子有哪些重要的事值得持续投资

当有了时间分配的概念，下一步就是将这些时间分配在哪些事情上。

我曾经在多个场合表达过一个观点：这个世界上最无用的概念就是紧急重要四象限（见下图）。几乎每本时间管理的书和时间管理的课程，都会向你科普重要紧急四象限。一讲就秒懂，却还要浪费大量的篇幅，听众听完之后去实践，发现不具备可执行性，结果依然是做不好时间管理。

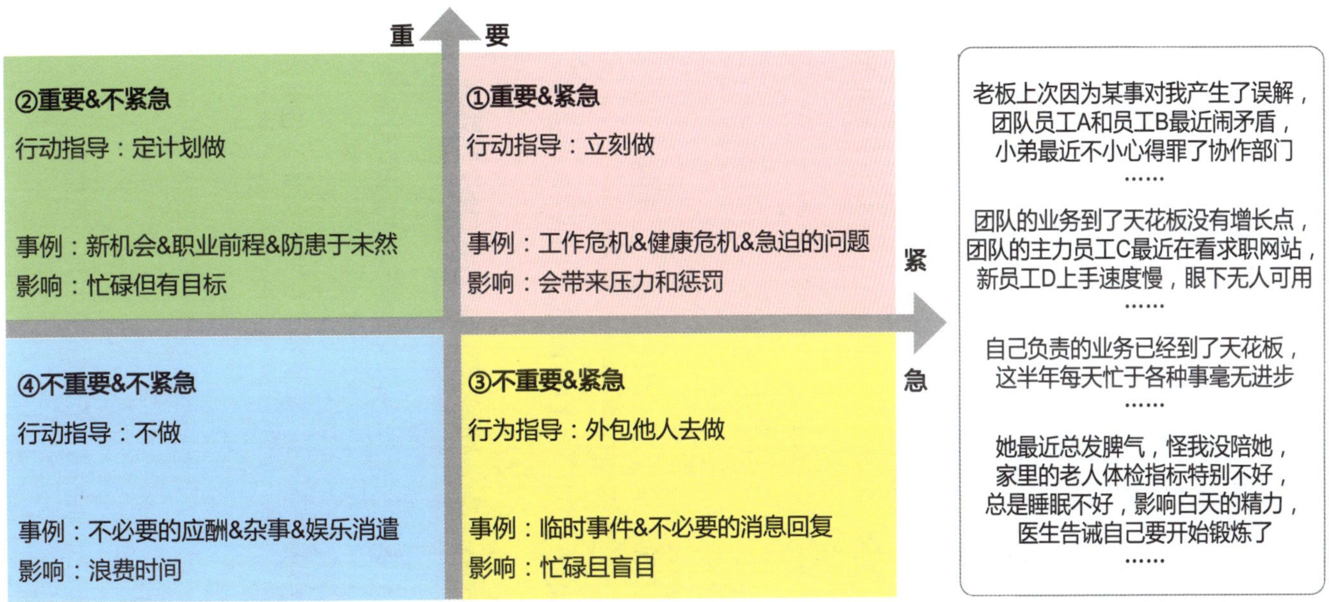
重要
紧急
②重要&不紧急
行动指导：定计划做
事例：新机会&职业前程&防患于未然
影响：忙碌但有目标
①重要&紧急
行动指导：立刻做
事例：工作危机&健康危机&急迫的问题
影响：会带来压力和惩罚
④不重要&不紧急
行动指导：不做
事例：不必要的应酬&杂事&娱乐消遣
影响：浪费时间
③不重要&紧急
行为指导：外包他人去做
事例：临时事件&不必要的消息回复
影响：忙碌且盲目
老板上次因为某事对我产生了误解，
团队员工A和员工B最近闹矛盾，
小弟最近不小心得罪了协作部门
……
团队的业务到了天花板没有增长点，
团队的主力员工C最近在看求职网站，
新员工D上手速度慢，眼下无人可用
……
自己负责的业务已经到了天花板，
这半年每天忙于各种事毫无进步
……
她最近总发脾气，怪我没陪她，
家里的老人体检指标特别不好，
总是睡眠不好，影响白天的精力，
医生告诫自己要开始锻炼了
……

重要的事情实在是太多，没有人能够穷举。

重要的事情是经常变化的，不同的场景下选择不一样。

重要的事情每个人的看法不一样，价值观不一样。

我自己尝试穷举，谁能告诉我上图中右边的哪一件事不是重要的事情？

如果其中任何一件事情你把控不好，那么这些重要的事情往往都会让你付出比较惨重的代价。我想，但凡有阅历的同学都会发现其中的问题。每一个都很重要，每一个都无法放弃……最后全部都变成了紧急的事。

每件事情的程度不一样，轻重缓急如何量化，如何排列优先级。最后在上司或者甲方的“既要、又要、还要”的紧逼之下，拿出一个相对平庸的结果。

确实，好多事难两全，太多重要的事情会影响一个个体的命运。有些可控，有些不可控（见下图），我们只能抓住可控的部分。

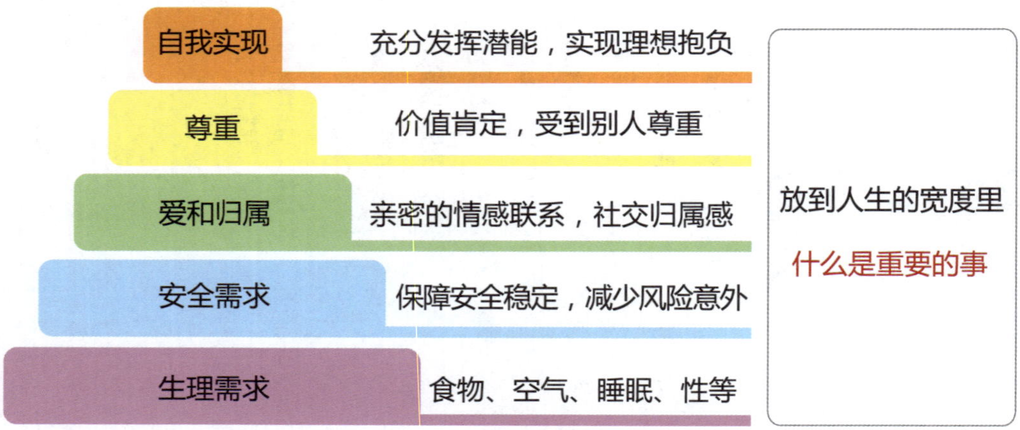


我自己为生命中比较重要的事情归纳了一个表格（见下页表）。并且，我足够努力，做到了 MECE。

这个表格的制定十分不易，全部字数加起来可能还不到 400 个字，但花费的精力之大远超常人想象。

可支配时间
改变命运的资源

| 大类 | 编号 | 子类 | 行为目标 |
| --- | --- | --- | --- |
| 职场社交 | 1 | 向上沟通 | 争取信任度、期望值、团队发展 |
| 职场社交 | 2 | 平行沟通 | 跨部门社交，争取合作机会 |
| 职场社交 | 3 | 向下沟通 | 管好团队的选、用、育、留、送 |
| 团队建设 | 4 | 业务拓展 | 扩展自己部门的业务边界 |
| 团队建设 | 5 | 效能优化 | 提升业务安全质量效率 |
| 团队建设 | 6 | 团队成长 | 提升团队成员的专业能力 |
| 团队建设 | 7 | 文化建设 | 团队身心健康、组织向心力 |
| 自我成长 | 8 | 业务输出 | 产出有价值的结果 |
| 自我成长 | 9 | 学习输入 | 帮助自我成长的行为 |
| 基本盘 | 10 | 身心健康 | 自己的睡眠&饮食&锻炼&情绪 |
| 基本盘 | 11 | 父母 | 父母的身心健康&心情愉悦 |
| 基本盘 | 12 | 伴侣 | 伴侣的健康、事业、两性关系 |
| 基本盘 | 13 | 小孩 | 孩子的发育、成长、亲子关系 |
| 基本盘 | 14 | 亲右邻 | 社会关系的编织与经营 |
| 基本盘 | 15 | 爱好消遣 | 照顾好自己，心情愉悦 |

从时间跨度上而言，前后经历超过了 3 年时间。

从迭代的频次而言，前后迭代超过了 100 个版本。

从绝对投入的时间而言，肯定超过 50 小时。

时间都花费在了罗列项、增减及合并项，以及对文字的准确描述上。文字是印刷成铅字的，图书一旦出版就很难更改，此时更需要照顾不同读者的理解。这是一个作者字里行间的最大的诚意，我尽量保证对每个读者的理解负责。我希望自己的用词足够准确，不产生歧义，也期望很多同学读到这里，开卷有益有所思。希望这张表格能经得起时间的捶打，希望多年以后，也只过期那么一点。

费尽心思、无比自律、克扣出来的可支配时间用在哪？我想，作为一个负责任的人，就应该用在上面这些事情上。

每件事都不分优先级，你来简单理解一下逻辑结构。

第 1～3 项属于职场社交类，依次为对上、平行和向下的 3 种沟通目标，职场上的所有沟通本质上都是社交，是个体在职场上的安身立命之本。

第 4～7 项属于一个团队管理者需要思考和完成的事项，每件事都很重要，每件事都是值得投入时间的，这些事可以帮助你的团队提升凝聚力，并取得战果。

第 8～9 项回归到个体，分别是拿业绩输出结果，以及自我成长，这 2 个业务点会直接影响自己的职业生涯发展。世界变化太多，没有永远的职业，不要把 1 年的经验用 5 年，如果不想在 35 岁被淘汰，那么学习是一辈子的事。

第 10～15 项是一个人的基本盘，可以说我们事业上赚的钱都是要用在基本盘那边的。如果基本盘不稳，事业上就难有成就，比较难获得幸福感。

**一定要在基本盘稳固的前提下追求自我成长、团队建设、职场社交。**

我曾经拿这张表格去研究过各个行业、各个领域、各个职业的人，基本上都能适用。摄影师、发型师、画家、运动员、作家等自由职业者，这类相对而言纯粹的靠个体单打独斗能过得比较好的手艺人，可以忽略 1～7 项，而在第 8 和第 9 项进行较多的投入。个体而言，他们可能就没有过多的约束。但想要做大，组建团队参与社会协作行为，这张表格就可以产生指导作用了。这就是该表格跨领域依旧生效的价值。

我还曾经拿这张表格去研究古代的人是否适用，比如岳飞和秦侩，比如曾国藩、诸葛亮、司马懿等在这张表格上依旧有效用。

对哪些群体不适用呢？

（1）**至高无上的角色**，比如古代的皇帝，好多的定义都得改。这类人的时间可能都不是自己的，他们用手头的资源学习帝王术掌握驭人即可，用不上时间管理。

像我这样时间管理做得好的手艺人，往往是为这些人服务的。所谓“学成文武艺，货于帝王家”。

（2）**没有追求的角色**，比如撞钟度日的和尚，打工日结的“三和大神”，或者拆迁暴富的收租人，躺平的富二代，这些不需要与世界协作的人应该也不需要（也用不上）时间管理。

这一类人，你就算给他们再好的教育资源，他们都不会看你一眼的。

而如果一个个体想通过努力，与团队一起去努力改变点什么，做成点什么事，这张表格就是有用的。如果你有足够多的可支配时间，且不躺平的情况下，表格上的事情全部都是重要的、值得把控好的事情。

## 时间管理分配随价值观&环境变化

假设，你每天有 $x$ 小时的可支配时间，你会如何分配呢？

只有属于自我可支配的时间才是财富，才是变量（a、b、c、d，见下页图），才是真正用来改变生活境遇的财富。

可能有人会问，职场社交和团队建设不能在工作协作时间内完成么？那么你让那些在工作协作时间之外依旧投入职场的个体和团队，情何以堪？

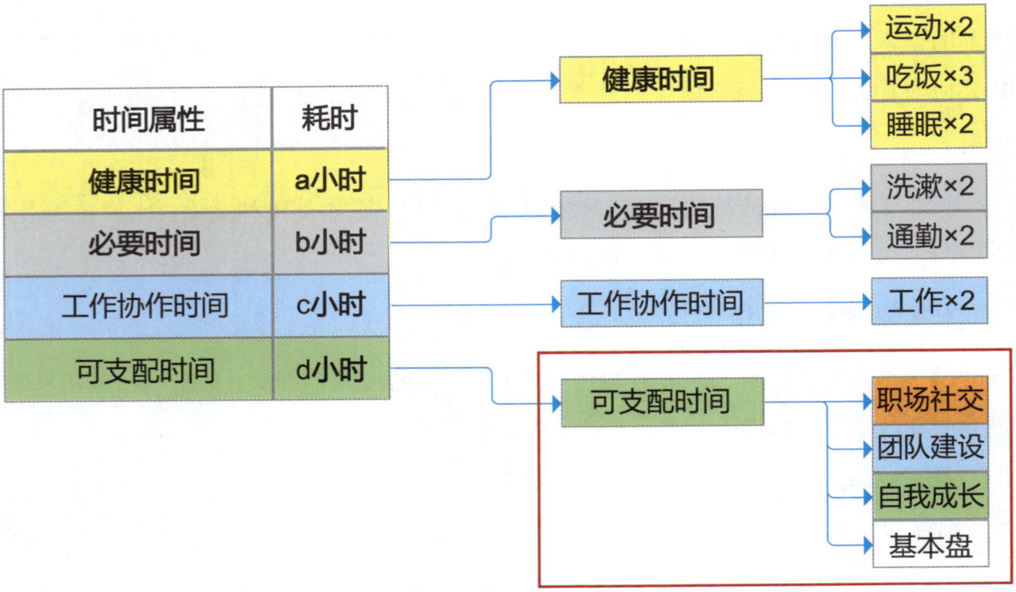


有些人，连续几周每天加班到 24:00，力求把手里的活儿做得更好；

有些人，做完了事情，无论好坏立刻组织复盘，并不断规划、调整后面的计划，力求出彩；

有些人，下班陪甲方吃饭、打球，周末陪领导爬山，只为获得信任、争取资源；

有些人，牺牲平日和周末的时间，去攻克某个重点的难题、项目，完成重要的攻坚。

白天的时间都被会议和流程性的事务占据了，比较少有独立思考的时间，所以只有投入额外的时间，废寝忘食、殚精竭虑、不疯魔不成活。要说“卷”，就“卷”在这些地方了。可支配的时间是用来改变自我或者团队境遇的。当然，我也在一些大公司看到很多管理者躺平，大多数时间都扔给基本盘了。

从一个职场人的角度而言，我列举几个案例（见下页 3 个表），帮助大家理解上面的话。

A 同学的时间投入有自己负责的范围，没有需要管理的团队，有找女朋友和娱乐消遣的需求。

| 角色 | 子类 | 行为目标 | 具体事项 |
|---|---|---|---|
| A同学 | 向上管理 | 争取信任度、期望值、团队发展 | 新上司正在为某事发愁 |
| | 业务输出 | 产出有价值的结果 | 这件事搞好了，绩效肯定好 |
| | 学习输入 | 帮助自我成长的行为 | 自己的文案功底需要加强 |
| | 伴侣 | 对方的健康、事业、两性关系 | 追妹子，思考去哪里约会 |
| | 爱好消遣 | 照顾好自己心情愉悦 | 玩“王者吃鸡”、刷抖音、刷剧、刷微博、“吃瓜” |

B 同学的时间投入，大多数都放在职场之上，自己的基本盘需要处理好和伴侣的关系。

| 角色 | 子类 | 行为目标 | 具体事项 |
|---|---|---|---|
| B同学 | 向上沟通 | 争取信任度、期望值、团队发展 | 跟老大讲述团队新的规划 |
| | 向下沟通 | 管好团队的选、用、育、留、送 | 需要跟几个关键角色传导压力 |
| | 团队成长 | 提升团队成员的专业能力 | 组织团队一起学习人工智能知识 |
| | 效能优化 | 提升业务安全、质量、效率 | 建设SOP清单 |
| | 业务输出 | 产出有价值的结果 | 下个季度的规划Roadmap |
| | 学习输入 | 帮助自我成长的行为 | 需要提升项目管理能力 |
| | 伴侣 | 对方的健康、事业、两性关系 | 最近她不太顺，怪我不陪她 |

C 同学的时间投入结婚生子等事情上，自己的基本盘开始出现各种各样的问题，同时职场上的事也要兼顾。

| 角色 | 子类 | 行为目标 | 具体事项 |
|---|---|---|---|
| C同学 | 向上沟通 | 争取信任度、期望值、团队发展 | 新业务要为团队多争取资源 |
| | 平行沟通 | 跨部门社交，争取合作机会 | 感觉隔壁部门团队可以一起做事 |
| | 业务拓展 | 扩展自己部门的业务边界 | 扩展自己团队的业务边界 |
| | 文化建设 | 团队身心健康、组织向心力 | 保证大家工作得开心 |
| | 身心健康 | 自己的睡眠&饮食&锻炼&情绪 | 体检报告有15项医嘱要注意 |
| | 父母 | 父母的身心健康&心情愉悦 | 爸爸的健康隐患是经常胃痛 |
| | 小孩 | 孩子的发育、成长、亲子关系 | 小宝可能考不上重点中学 |
| | 亲右邻 | 社会关系的编织与经营 | 可能要多扩展职场外的社交 |

其实回头来看，A 同学、B 同学、C 同学，可以是 3 个同学，也可以是一个人的不同年龄、身份、阶层。即人人都是可以是 A 同学、B 同学、C 同学。如果说 C 同学要做的事多，那是因为这些事会在某个阶段冒出来。C 同学要面临的难题比一般人要多，如果 C 同学是女性，那么她面临的问题要比男性更多、更麻烦。

在这个时候，把时间倾注在哪些事，放弃哪些事，就是自己的选择了。

在这个时候，保证足够多的可分配时间是非常重要的。

时间足够，就可以“既要，又要，还要”。父母健康长寿，家庭美满幸福，妥妥的人生赢家。

时间不够，就“既负如来又负卿”了。感慨“我抱起砖就没法抱你，我抱住了你就没法养你”。

我挤出大量的可支配时间，是支撑我把时间花在自己喜欢的事情上的前提，如下图所示。

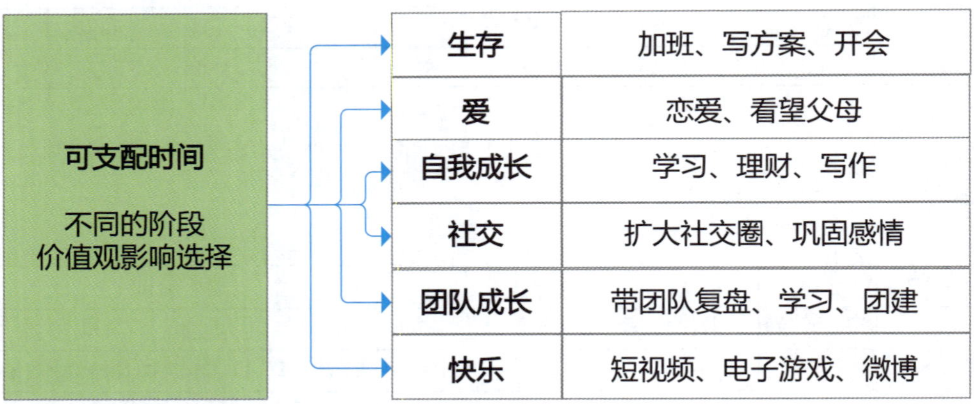


如果是单身的状态，羁绊和牵挂比较少，自可每日挥刀 500 下，精进武艺。

如果是非单身状态，就看两个人采用怎样的相处模式，其结果是 1+1 等于 2，大于 2，还是小于 2。

如果有了孩子，双亲也到了需要你赡养的年纪，把自己的精力倾斜到家庭上也是必然的。

这一切的前提就是自己拥有足够多的可支配时间。

## 休息日和各种假期如何有效安排

我在其他场合分享这个话题的时候，有同学问我，周末的时间会如何安排呢？

我当时的回答是："我最近的状态是，周末非常随意，随着自己的心情做事，可能睡一天，可能娱乐消遣一天，现在更多的时候是陪伴家人。实际上周一到周五做好了工作，你就大概率超过了其他人，周六和周日就可以放过自己吧。"

而当下，我在写下这些文字的时候，已经是凌晨了，废寝忘食地码字。

如今写书了，我们来详细地计算一下时间，做好数据分析。一个人有多少时间是可以用来自我分配的。

正常的工薪族，每年的工作日有 250 天。每年总计 52 周，在双休的情况下，总计 104 天。法定假期 11 天（元旦 1 天、春节 3 天、清明 1 天、劳动 1 天、端午 1 天、中秋 1 天、国庆 3 天），还有公司提供的各种福利假期，也就是说，每年至少有 130 天以上的时间，是不用上班的。

假期的时间在我眼中分成两种，一种是周末双休，另一种是各种方式拼凑出来的大小长假。

周末的时间，30 岁之前，单身的时候基本在专业提升、赚钱、运动和阅读上，而恋爱乃至结婚后，时间与伴侣协商安排。

回想自己这些年的小长假，基本没有刻意安排旅游，主要就是年轻的时候比较穷，次要原因就是，觉得就那么回事吧，从自己呆烦的地方跑到别人呆烦的地方，用巴图模型来说就是满足探索欲，然后在社交媒体上炫耀。当然，我没有旅游的原因仅仅是男孩子要多攒点钱，为以后的其他事服务。

大块儿的时间是很值钱的，我参加工作的第一年春节没有回家，在公司里加班；年轻的时候身体好，有很多熬夜工作的经历；创业的时候，生活作息就跟电视剧《燃点》里面的创业者是一样的。其实这样的安排是非常损害身体的，也非常对不起家人。

3 天的小长假我往往会定义成一个主题，比如在自己的专业领域里阅读、写作、做课件；比如把某个剧刷完，然后去豆瓣上把影评刷完；比如教父母掌握智能手机，给他们做攻略，带他们去周边玩。这些主题都是我平日里就起心动念的，不断调整和排列优先级，然后找到合适的节点释放。比如，我的第一本书的书稿，有相当一部分就是在某个国庆节期间完成的，每天写，一口气写了 7 天。

随着年龄的增长，身份的增多，承担的责任必然会增多，很多的假期时间不属于自己了。我在当下的观点是，在特别的节假日里不要“卷”。

特别的节假日又有着特定的事情要做。比如春节，赶上春运，至少有一定的时间要花费在往返路上，很多习俗躲不开，春节本身的意义就是和家人亲属一起娱乐。还有一些传统节日，往往有风俗要遵守，参与深度就看每个家庭的具体情况了。

非特定的节假日，看自己的喜好和状态吧。我会去做一些重要但是不紧急的事，功夫下在平日，未雨绸缪就是为了未来更好的生活质量。

## 平衡的游戏，保障底线与控制上限

对每一件事情的时间分配，特别像玩游戏、配置天赋点。我们在哪个极端上投入的时间越多，持续一段时间，某一项的数值就会显得非常突出。

而实际的生活中，我们也有短期内堆积时间到某一类时间账户上的行为。

比如，某次考试前的冲刺行为——为学习；

比如，某段时间点疯狂追求爱情——为情感；

比如，某段时间照顾家人健康——为情感&健康；

比如，需要密集的公关某个客户——为社交&工作；

比如，某个版本节点疯狂加班——为工作输出。

某些时间，可以说是废寝忘食，好多东西都是不管不顾的状态。我自己有很多类似的情况，只有集中攻坚疯狂投入，才能在不同的节点踏上某个台阶。其他的说法叫作做好关键决策，搞定关键角色，搞定关键事件。

游戏系统的设定是平衡的，规则不允许我们自己擅自把所有的点数都堆积到一些事情上，那样会失去平衡。

要想在生活中做好时间的分配，需要理解以下几个概念。

**底线**有保障，需要维持必要的投入。比如，健康的生活习惯、睡眠充足和饮食健康是底线保障。

**上限**要控制，超过某种程度再投入就没用了。比如，睡眠跟充电一样，充满了再充也没用，对时间管理的书读多了，就很难再有刷新感，收益递减。

还有**效能递减**，达到某种程度，继续做会产生反向影响。比如，将注意力持续关注在父母、伴侣、子女上，对每种关系的相处，保持在恰当的范围内才好。

平衡是一个随时需要调配好的游戏，人生有太多的事要把握好。事业发展，自我成长，基本盘，每一件事情都要把控好，自己的可支配时间就是动态地投资给这些事情的。从这个角度去思考自己的必要时间、工作时间和可支配时间的分配才是科学的方式。

**本章的核心知识点如下表所示。**

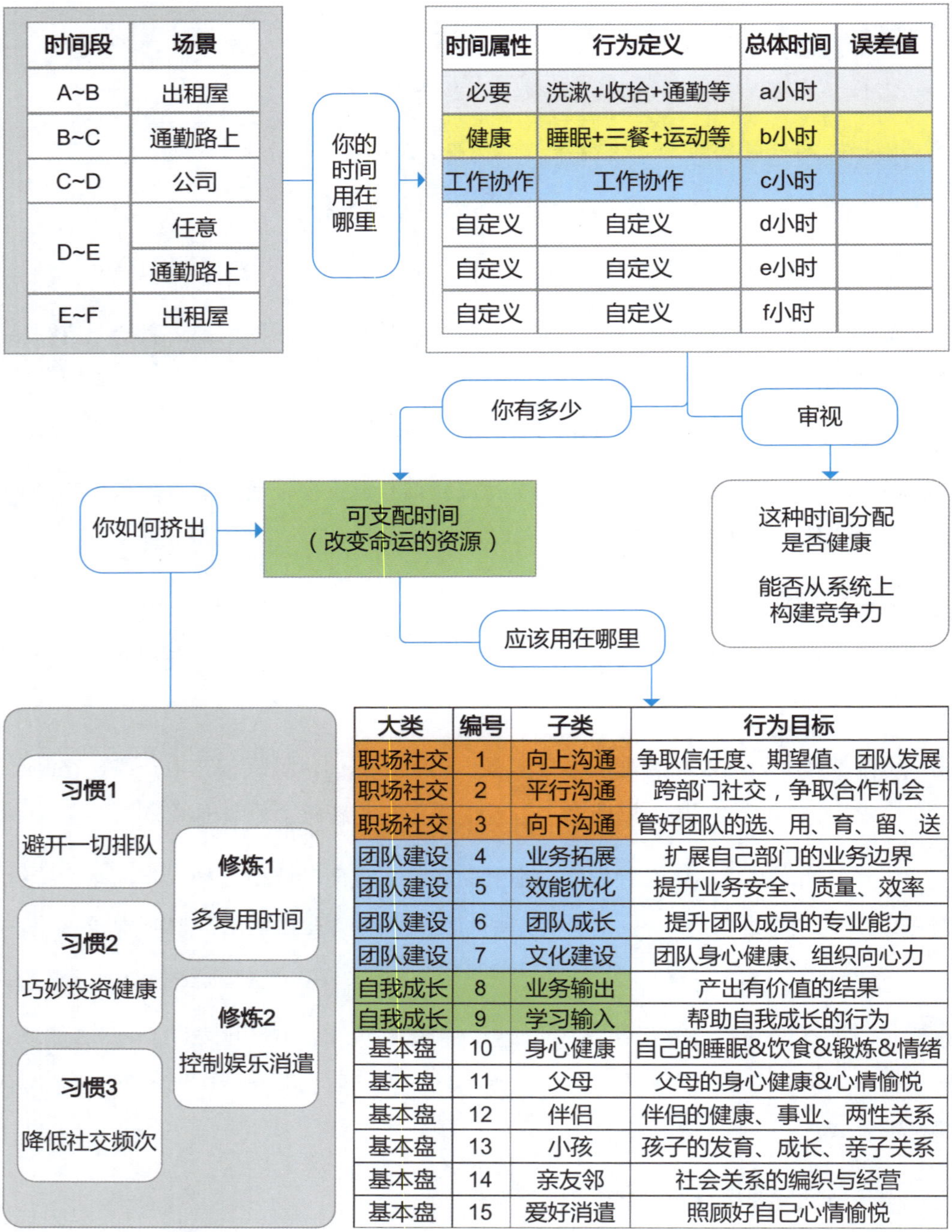


| 时间段 | 场景 |
|---|---|
| A~B | 出租屋 |
| B~C | 通勤路上 |
| C~D | 公司 |
| D~E | 任意 |
| | 通勤路上 |
| E~F | 出租屋 |

| 时间属性 | 行为定义 | 总体时间 | 误差值 |
|---|---|---|---|
| 必要 | 洗漱+收拾+通勤等 | a小时 | |
| 健康 | 睡眠+三餐+运动等 | b小时 | |
| 工作协作 | 工作协作 | c小时 | |
| 自定义 | 自定义 | d小时 | |
| 自定义 | 自定义 | e小时 | |
| 自定义 | 自定义 | f小时 | |

| 大类 | 编号 | 子类 | 行为目标 |
|---|---|---|---|
| 职场社交 | 1 | 向上沟通 | 争取信任度、期望值、团队发展 |
| 职场社交 | 2 | 平行沟通 | 跨部门社交，争取合作机会 |
| 职场社交 | 3 | 向下沟通 | 管好团队的选、用、育、留、送 |
| 团队建设 | 4 | 业务拓展 | 扩展自己部门的业务边界 |
| 团队建设 | 5 | 效能优化 | 提升业务安全、质量、效率 |
| 团队建设 | 6 | 团队成长 | 提升团队成员的专业能力 |
| 团队建设 | 7 | 文化建设 | 团队身心健康、组织向心力 |
| 自我成长 | 8 | 业务输出 | 产出有价值的结果 |
| 自我成长 | 9 | 学习输入 | 帮助自我成长的行为 |
| 基本盘 | 10 | 身心健康 | 自己的睡眠&饮食&锻炼&情绪 |
| 基本盘 | 11 | 父母 | 父母的身心健康&心情愉悦 |
| 基本盘 | 12 | 伴侣 | 伴侣的健康、事业、两性关系 |
| 基本盘 | 13 | 小孩 | 孩子的发育、成长、亲子关系 |
| 基本盘 | 14 | 亲友邻 | 社会关系的编织与经营 |
| 基本盘 | 15 | 爱好消遣 | 照顾好自己心情愉悦 |

我曾就职于腾讯，受邀做过一次全公司级的时间管理分享课程。

本书的部分内容，来源于本次课程分享。

在课程后我也提供了一份**时间管理自测工具**。

有诸多腾讯的员工填写了自己的时间管理安排。

微信扫一扫即可进入此页面。

查看其他腾讯员工的时间管理安排表。

纸上得来终觉浅，绝知此事要躬行。

建议使用电脑打开文档。

该表格为腾讯文档，后续我将提供更多的时间管理工具包。

# 第3章

## 把控好人生中的重要事

在前面，我极尽 MECE 地罗列了人生中最重要的 15 件事。转念一想，光强调重要性没有用，这仅仅是方向性的指导。我肯定会提供一些自己的经验，以帮助你把控好人生中的那些重要事。

对于如何把事情做得又快又好，对“既要，又要，还要”，我是有执念的！

在我的专业领域，我曾经写过一本书叫作《游戏运营：高手进阶之路》，讲的是做事的方法论。比如写新闻公告，人家 1 小时做的事情，我用模板 15 分钟完成。比如完成营收指标，人家要折腾 3 次活动获得结果，我通过 1 次活动就能完成。有了方法论的积累，事情自然就会做得又快又好，既然问题解决速度变快了，那么在某种意义上，就是节省了时间。

这种细分领域的书并不适合成为大众读物，而职场关系经营、团队建设管理、自我学习成长这类话题，似乎在各个赛道中已经“卷烂”了，故而较难写出更有刷新感的内容。然而，我可以补齐剩余的部分，也就是人的基本盘。

## 要防微杜渐，不要亡羊补牢

我们的人生中会遇到很多麻烦事，很多事不适合用高效解决问题的思路去处理，比如我们绝大多数人都会遭遇疾病，自己还需要处理与父母、伴侣、子女的关系，扮演好自己的社会角色。

大多数人都在身体出现问题后才开始养生，伴侣关系出现状况后才开始重视，这都是缺乏前置管理意识的表现。因为相当多的人光是活着，光是工作，就耗费掉了全部的精力。等到问题出现才开始注意，才开始倾注精力，着急忙慌地寻找解决方案。

**这一类行为通通属于亡羊补牢的行为。**

如果按照高效处理问题的思路，问题就是：

“如何治疗和控制糖尿病、冠心病、胃痛？”

“我与他的感情出现了裂痕，如何挽回？”

“孩子沉迷游戏，一直厌学，考不上大学怎么办？”

如果没有精力，没有知识，重视程度不够，拖延到一定程度，上面的问题便会演绎成社会新闻，诸如：

“父亲重症监护，每天上万开支，要不要继续？”

“相爱 7 年，终于走到了婚姻的尽头，且行且珍惜。”

“初中生偷窃父母的钱，3 个月给游戏充值数十万。”

我们都不希望自己和家人的悲惨遭遇成为社会议题，成为情感博主的素材，成为群众们的“瓜”。

可见，从高效处理的角度看是做应用题，是如何把这个命题解决好，而并非提前管理。

久病床前无孝子，久贫家中无贤妻。很多大事都是从小事演绎而来的，谁也无法保证意外不发生，但提前管理则可以有效地降低风险。我们的人生中会遇到很多麻烦，比如我不想做，先忽略（默默污染），等问题出现时再花精力去治理的事。

**我不要头痛医头，脚痛医脚，亡羊补牢。**

**我要防微杜渐，未雨绸缪，防患于未然。**

我希望我是一个从容的人，我不希望意外发生，打乱我的生活节奏。我想要确定的幸福，当意外发生时，我能够从容地面对它们。我只想尽自己最大的努力，把对自己、对家人发生坏事的概率降到足够低。

在前面，我罗列了 15 件重要事。在本章，我分享自己对一个人的基本盘的理解（见下表）。

| 自我成长 | 8 | 业务输出 | 产出有价值的结果 |
|---|---|---|---|
| 自我成长 | 9 | 学习输入 | 帮助自我成长的行为 |
| 基本盘 | 10 | 身心健康 | 自己的睡眠&饮食&锻炼&情绪 |
| 基本盘 | 11 | 父母 | 父母的身心健康&心情愉悦 |
| 基本盘 | 12 | 伴侣 | 伴侣的健康、事业、两性关系 |
| 基本盘 | 13 | 小孩 | 孩子的发育、成长、亲子关系 |
| 基本盘 | 14 | 亲友邻 | 社会关系的编织与经营 |
| 基本盘 | 15 | 爱好&消遣 | 照顾好自己，心情愉悦 |

这些知识来源于我的所有学习输入/输出行为，我阅读了大量的图书与公众号文章，学习了很多各平台上的付费课程，以及与特定领域的高手进行交流，做了一些学习笔记，附带着我自己的理解与实践经验，希望这些内容能够帮助你们做好提前管理。

在这个部分，大家可以根据自己的年龄和需要跳着看，**有些内容对读者 A 来说可能是多余的内容，而对读者 B，却是有很强的刷新感和收获感的内容。**写书比较难，千人千面，所以**强烈建议跳着阅读。**

如果按照书中的建议去实践，有意识地把可分配时间投入在这些事上，你将可能拥有比其他人更幸福的人生。

本章已经不属于时间管理的范畴了，说大点，属于人生风险管理！

## 基本盘：身心健康

这是最值得投入时间的事情。作为一个有责任感的人，只有守护好自己的身心健康，才有能力帮助身边的人。要成为有能力照顾别人的人，而非被别人照顾的人。

关于身心健康，我看过很多书，比较推荐的有 2 本。尼克·利特尔黑尔斯的《睡眠革命》，张展晖的《掌控：开启不疲惫、不焦虑的人生》。他们更多是从保养的角度而非治疗的角度进行讲述的。

身心健康分为 4 个方面，按优先级排列依次为睡眠、饮食、锻炼、心情。这 4 个方面互相影响，永远不要孤立地看待其中一个方面。

## 睡眠要充足

睡眠可以占据人一天 1/3 的时间，如果睡不好，带来的是生理上的紊乱，各种健康问题便会随之而来。如果睡眠不足，就会影响饮食（吃不下）、锻炼（易猝死）和心情（易焦虑、易动怒）。旧社会有一种惩罚手段叫作“熬鹰”，就是睡眠剥夺，这是一种容易让人崩溃的生理性刑罚。

人体可以比作新能源汽车，有快充和慢充的概念，有些人要充电 12 小时，有些人要充电 8 小时，而我则属于那种充电 6 小时就足够的人。到了疲乏点，我 1 分钟内可以快速入睡，不打呼噜、不辗转反侧，一觉睡到自然醒，即使是外部环境发生一些响动，自己也不会醒来。其中原因有天生的，也有自己后天的生活习惯影响。

作为一个时间管理控，我依旧在探寻，有没有办法可以再次升级自己的睡眠，让自己用更短的时间快速恢复精力，于是我读了《睡眠革命》一书，这本书的作者是给 NBA、英超的大牌运动员们制订休息计划的睡眠教练。书中的概念很多，比如昼夜节律、R90 睡眠周期、褪黑素、快速眼动、浅睡与深睡眠等，我在这里不讲书里的概念，因为概念太多，我不做解释概念凑字数的事。

整本书精读下来，为大家提炼两条建议：

（1）每天睡眠要保证 6～7.5 小时，晚上不够中午补，工作日不够周末补。

（2）只要感到疲惫（身体报警），不要熬，立刻休息，睡眠时间应尽量规律。

作为被“996 ICU”剥削的职场人，很多时候无法在健康睡眠这个时间账户里存足够多的时间。而我身边的很多同事，我建议他们如何如何做，他们也未必愿意做。

比如，睡前可以运动一会儿，出点汗让自己疲劳一些，洗完澡后易入睡且提高睡眠质量。他们不！回家就想躺平。

比如，睡前不玩手机，影响褪黑素分泌，影响入睡。他们不！白天工作太亏欠自己了，要报复性晚睡补偿回来。

因为各种原因造成的睡眠质量差，会对你产生巨大的伤害，如下页图所示。

认知影响行为，行为塑造习惯。

这类人知道自己有问题但是不改，这是无法解决的症结。**我眼中的问题就是人家的解决方案**。这种解决方案是以牺牲健康为代价换来的。然后内分泌失调，然后脸上长痘，然后精神萎靡……长期如此，人就会进入一种负循环状态。循环往复，越来越糟。

我自己在大学期间通宵打游戏的时候，觉得晚上状态不好，影响发挥，也是选择晚上早睡，第二天 6:00 爬起来打游戏，这样把对自己的影响降到最小，打游戏的表现也会变得更好一些。同理，不要过分熬夜，高难度的事留给第二天的早上，效率更高。同样是时间，怎么用好很重要。

对于你拿出足够多的时间但是依旧睡不着的问题，原因不在睡眠上，而是在饮食、运动和心情上。

降低你睡眠质量的原因有哪些？
工作学习压力大
睡前沉迷手机等电子产品
就寝时间不规律
吃宵夜等睡前不良饮食习惯
室内强光、噪声等环境问题

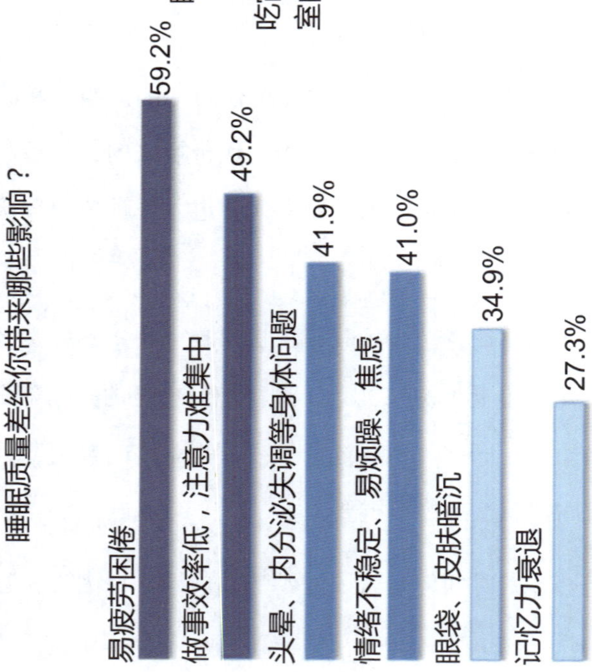
睡眠质量差给你带来哪些影响？
易疲劳困倦
59.2%
做事效率低，注意力难集中
49.2%
头晕、内分泌失调等身体问题
41.9%
情绪不稳定、易烦躁、焦虑
41.0%
眼袋、皮肤暗沉
34.9%
记忆力衰退
27.3%

## 饮食要健康

排名第二的是饮食，吃得健康才能提升睡眠、心情和运动表现。

相比睡眠，饮食的错误是消耗自己，埋下健康隐患，增加脏器负担，约等于是缓慢扣减自己的生命值，而饮食正确才是正确为自己充电。

大众对食物的理解，就是它本身的食品标签，薯片、蛋挞、锅包肉、水煮鱼、京酱肉丝一类的。而营养学上的理解是，蛋白质、维生素、碳水化合物、脂肪、矿物质、水。如果你知道每一种食物是由哪些营养元素构成的，就算是理解过关了。如果能分清楚蛋白质、脂肪、碳水化合物是优质还是劣质的，就算是理解到位了。

饮食健康是一个太大的话题。首推两本可读性比较好的书：《盐糖脂：食品巨头是如何操纵我们的》与《掌控：开启不疲惫、不焦虑的人生》，前者帮助我们做规避、歧视，不做负向行为。后者帮助我们挑剔、辨别，做正向行为，真正帮助身体充好电。

举个例子，新派奶茶从外观上看是由水果和奶茶构成的，分析其成分，是糖、脂肪、咖啡因和茶叶，人类所有合法的致瘾物都在里面，让你兴奋地睡不着，让你变胖。

很多习惯的养成或者行为的选择都是受家庭影响和环境影响的，而我们极少反思哪些是好习惯，哪些是坏习惯。某种习惯长期以来给自己带来的利弊从来都是后置的，如果我们想活出更好的人生，就要通过后天的学习和阅读建立认知，再矫正。

下图提供了一个健康知识，即人类每天需要摄入的有益健康的内容量。

我自己从来不抽烟，几乎不喝酒，很少熬夜，娱乐上孤独得没有朋友。

我戒一切糖，选优质脂肪、低盐的食物。拒绝所有深度加工的食物，比如薯片、蛋糕、蛋挞、奶茶。于是在下午茶上，我孤独得没有朋友。

我为自己养成了一个条件反射，但凡能给我带来快乐的食物，要谨慎和小心对待，我会仔细辨别它们的营养元素构成，我曾经准备了 70 页的 PPT 来跟团队讲述营养学知识，但是在这里无法全量呈现。下面罗列一些我建议选择的饮食吧。

（1）蛋白质与脂肪，水里游的胜过两条腿的，深海的胜过淡水的。首选鱼、虾、贝，其次鹅、鸭、鸡，最后牛、羊、猪。鸡和猪由于饲养出栏量巨大，我担心其激素过多，需要经过比较再挑选品种。以 2022 年的物价，有些路边摊的烤鸭卖 18 元一只，依旧能有几块钱利润，它可以满足你的口舌之欲，但我不建议你吃。

（2）对于碳水化合物，少吃精米精面，我家里煮饭一般是玉米、豆类、黑米、糙米、大米掺着一起煮。基本上不拿西点类碳水化合物当主食，因为大多数西点都增加了很多糖和油。

（3）维生素摄入，水果优先选择低 GI 值的，控制摄入量。蔬菜优先选择带叶子的，百无禁忌。如果从补充维生素的角度看，所有的绿叶蔬菜，其维生素含量远胜过水果，而水果因为果糖更能愉悦人类，所以卖得贵。

（4）零食部分，只选坚果类（优质脂肪）、牛肉干（优质蛋白质）。锅巴、薯片真的很好吃，但要克制。加工复杂度越高的食物，越需要克制。

（5）拒绝饮料和几乎所有甜食，少喝咖啡，优先选择白水、柠檬水，偶尔喝椰子水，不影响睡眠的茶等。

以上是我精读完很多书后给大家的建议，并基于这些行为亲自践行，不解释原因是因为过于占篇幅，而且有“搬运知识”之嫌，还是建议大家直接看前面推荐的书，会理解得更深刻。

其实低收入人群的食物大多数都是不健康的，大多数都是重油盐、深加工、易存储的，这些是重体力劳动者的依赖，很多人光是填饱肚子就很不容易了，哪管营养学。而既健康又好吃的食物大多数是具有本源味道的食物，比如东星斑、澳龙、牛排，它们的加工方式非常简单。这些顶级食材，普通人很难吃得起。但每一种食物都有低价食物作为“平替”，如同我此前讲水果和蔬菜都含有维生素，水果是因为含有果糖所以价格比蔬菜贵很多。比如，去皮去脂肪的鸡肉含有的蛋白质不会比牛肉少，只是因为鸡肉的口感及脂肪不如牛肉，无法取悦人类，所以价格便宜。

我也穷过，但是不妨碍自己通过读书来充实自己的知识库，比如我不太喜欢点外卖，因为大多数外卖食品都是料理包堆出来的，我会选择小炒、盖浇饭，看厨师现场加工，哪怕是路边的快餐，都比外卖店的料理包要好。我在路边花 15 元买到的午餐，其营养均衡度，超过同事花 45 元点的外卖，我知道哪些食物搭配吃了会犯困，哪些会降低睡眠质量，**吃饱和吃爽大家都懂，然而吃正确，则是知识带来的价值。**

在饮食上，我看过很多内容，有正向的，也有负向的，还有相互矛盾的，挑选一两本书精读，你就能够判断公众号文章的质量，总之通过持续不断地留意和关注，才会理解，才会积累知识。相对比较正向的网络文章诸如《长寿村解密》《冰岛凭什么成为全世界最健康的国家》，长寿人的饮食是如何构成的？那些顶级运动员如何在高龄依旧保持自己的运动状态？他们的食谱是什么？只要频繁地将这类知识内容添加进自己的关注区，自然会影响自己的饮食选择。

## 运动要投入

与睡眠一样，只要在运动上有所投入，基本上都能获得正向加持。我将运动投入分为基础投入和额外投入。

基础投入，就如前面所述，在平日的通勤时间为自己创造运动的机会，比如走路、骑车，有条件的人可以爬楼梯，时间久了，固化成习惯，就会超过绝大多数人。

额外投入，就是我习惯的每天睡前运动、流汗，洗完澡正好睡觉，这种行为会提高自己的睡眠质量。周末我也会在运动上加码，同时叠加社交属性。但我也没有那么自律，并不能持续执行。我催眠自己的方式是，一定要往健康账户里存时间，也努力用各种手段把这些东西固化成日常行为。

下面提一下，我曾经由于无知在运动上犯的错误。

高中的时候，我也有过前一天晚上打通宵游戏，第二天上午不睡觉直接去篮球场上“大杀四方，砍下三双”的成就，下午该干什么就干什么，也不觉得有困意，晚上正常睡觉。当时还一度炫耀，后面觉得，真的是年少无知的“作死”行为，剥夺睡眠后剧烈运动就是“作死”行为，有很多年轻人猝死在运动场上，所以我成年后就再也不敢这样做了。一定要在睡眠充足的情况下进行运动，才会有更好的效果。当自己非常疲劳的时候，就不要运动了，易产生猝死的危险。

大学的时候，我跟同学相约晨练，工作的第一年，我早起抱着篮球去球场上吸着雾霾打球，直至后面去健身房跟专业的人聊天，才觉得自己当了人体雾霾净化器。不推荐户外的晨练，锻炼的同时也吸入了雾霾，得不偿失，并且晨练的效果不见得比其他时间效果好。

只要是运动就会产生运动损伤。如果跑步的姿势不对，就会对自己造成伤害；如果“撸铁”做得不到位，发力错误，就会造成伤害；如果心率不到位，燃脂的效果就会打折扣。这些知识和细节，一方面自己学，一方面请专业的人教，一旦认知到位了，就只剩下习惯养成的问题。

我会努力为运动叠加很多属性或理由。比如，团建的时候，我更偏向为运动投票，公司组织团建去景区玩，我也会尝试找可以一起早起爬山的同事；公司组织各种运动类的协会或者活动，我会争取成为参与者。这也是一种社交行为，尽量让自己多一些消耗。

我想让自己动起来，但行动始终是间歇性的，额外的时间投入总是不足。比如，我去打篮球，遇见连续下雨天就停止了。比如，我去健身房骑动感单车加“撸铁”，最多只能持续一个多月，一旦打断了就很难坚持了。比如，我玩游戏《健身环大冒险》，打完了就不玩了，然后把游戏送人。我现在沉迷于 VR 健身运动，不知道可以持续多久。

能否为自己创造足够多的时间和机会去运动，其实是一种心态问题。这种心态就是我要持续地把时间存到健康账户里。

### 情绪要稳定

情绪容易受外界影响。自我修养再好也仅仅是调节手段，但是调节是需要能量的，如果睡眠、饮食、运动都不好，那么情绪也难好。情绪好了，还可以给另外 3 项做加持。

我跟专业的人交流，在大城市生活的人大多数都很紧张和焦虑，被“锤”得多了，多少都有一些抑郁，只是程度不同，严重的抑郁会影响健康。人都有七情六欲，在这件事情上，很多时候不受自己的控制。我们要做的是拥有足够强的能量护甲去对付它。

每一段时间人都是有情绪的，积极正向时，时间过得快，人们容易忽略时间的流逝，给人留下深刻印象的往往是那些消极的情绪，如果持续停留在消极的情绪里，就会感觉一切都糟透了，会感觉时间格外漫长。

如何应对消极情绪？

一方面我们要有足够强的能量护甲，另一方面就是要明确值不值的问题。

先说足够强的能量护甲。我们在睡眠上投入的时间少，会产生生理性疲惫，情绪不可能停在积极的位置。如果我们在饮食上也不注意，就会影响自己的健康，生病了情绪也不可能停在积极的位置。如果我们睡眠充足，饮食均衡，就会容光焕发，自然会感受到幸福感，会有做很多事的欲望和冲动，充满干劲。即使意外到来，遭遇了郁闷的事，也有更多的精力去处理和消解，也有体力通过运动将情绪发泄掉、转移掉、释放掉。

再说值不值的问题。就是看你面对怎样级别的意外而触发消极情绪。所谓忍一时风平浪静，退一步海阔天空。但很多时候，憋狠了就会造成“忍一时越想越气，退一步越想越亏”。豆瓣上有一个有趣的组织，叫作“吵架没发挥好”小组，我纯粹以吃瓜心态加入了这个小组。我看里面 99%的内容，类似小孩子因为抢玩具而吵架这种事，那为什么大人不会吵架，是因为觉得不值得。

生活中有人冒犯你，攻击你，污蔑你，你会如何反应？控制住自己能控制的就好（见下图）。

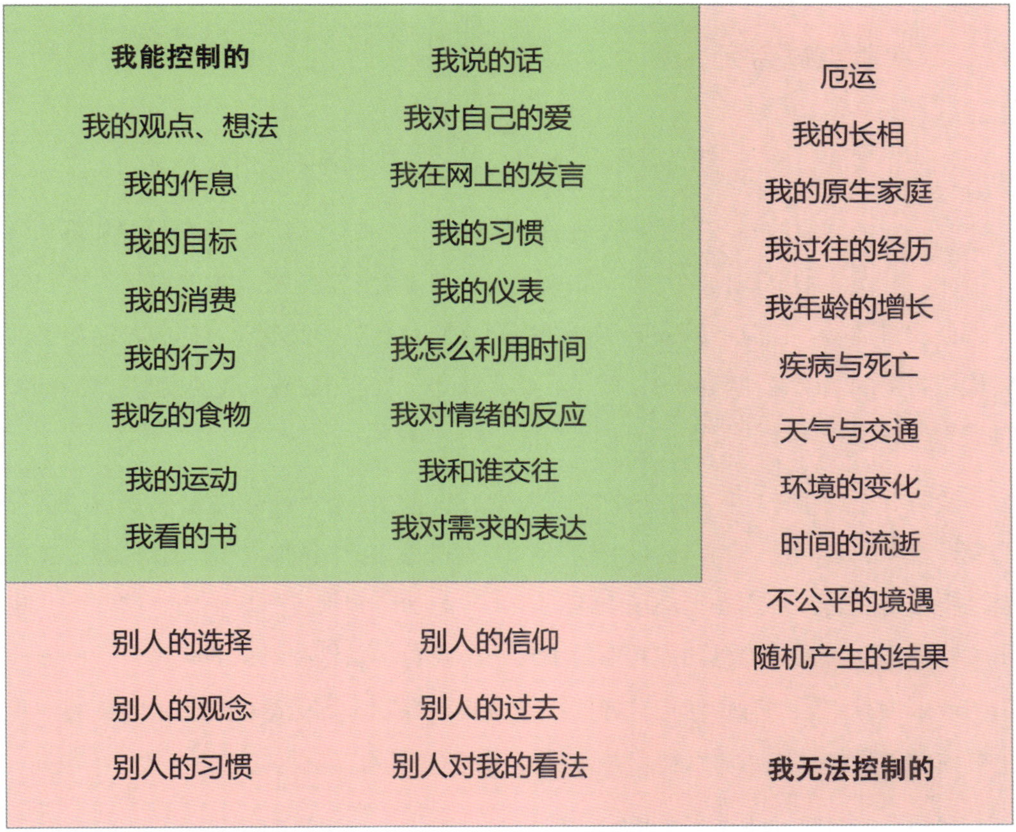


我们无法改变别人的看法与喜好，彼之砒霜，吾之蜜糖，在自己能努力的范围内做到最好就行。

生气的时候就承认自己生气，郁闷的时候就承认自己郁闷，焦虑的时候就承认自己焦虑，然后尝试往积极的地方去迁移。认识自己的消极情绪，承认它，然后应对它，一定会有比较好的效果。

将军赶路，不打小鬼，欲成大树，不与草争。你会发现很多的事，不过尔尔。

不要和情绪不稳定的人合作，与他们相处，你会变得小心翼翼，无形中会消耗自己。

做一个情绪稳定的人，是修炼，无数的好事会找上你。

## 两次差点过劳死

说一个我自己亲身经历的事情，擦身而过，是让我隐隐后怕的悲剧。

我毕业后就职的好几家游戏公司都可以被称为“血汗工厂”，长期倡导加班与拼命文化。有员工的离职信上写道，如果我再日夜不着家，老婆就要离婚了。公司每年都会安排体检，而且会额外购买商业保险来应对员工的医疗健康问题，而员工的体检报告上的医嘱往往都有好几页，不查没事，一查全是问题。我的同事苦笑着说，每次看体检报告，就感觉失去了对生活的希望。

我有 2 个同事，1 个“过劳死”，早早离开人世；1 个“过劳疯”，被送进了精神病院，现在长期服药。为什么我对这 2 个同事印象如此深刻呢？因为我们曾一起在会议室里开过会，一起在运动场上流过汗，一起加班到深夜然后去烧烤店撸串、喝酒、吹牛，一起为了项目的成功而努力过……我在得知这些消息的时候，是极其后怕的，因为我曾经拥有跟他们一样的工作性质与强度。我记得他们的音容笑貌，我了解他们的身体素质，而且他们都比我年轻，“过劳死”就发生在我身边。

有些公司花略高于市场价格的钱雇用我们这类人，然后疯狂压榨，我们都笑称年轻的时候拿命赚钱，年老了拿钱买命，但是身边的事告诉我们，有些人等不到拿钱买命的时候。在旁观者的视角里，有命赚没命花，极其傻。当然这些都是事后诸葛亮的总结，没有一个人愿意透支健康，可是总有一些人依旧在围城里出不去。过往有，现在有，未来还会有，至少我们这类人比那些下煤矿、真正拿命换钱的人要体面多了。

很多时候，出现悲剧早有征兆。而他们拖着，意识到了，但不在意，或者被某些事裹挟着，直到自己的那根弦断掉。

我跟“过劳死”的同事曾在同一个项目组共事过，公司不大，没有考勤。项目组的很多人都是下午 14:00 到公司，凌晨 3:00 离开公司，为什么形成这种作息时间？因为公司的负责人就是按这个作息时间工作的，一到晚上，负责人在工位上带头抽烟，于是相当多的人也在工位上抽烟，我在那个环境中被熏得眼睛都睁不开，只能躲在一个角落，冬天都会开着小风扇对着自己的脸吹，只求把二手烟吹走，只求自己少吸一点二手烟。遇上一些项目的关键节点，我们就要通宵加班，几乎每个星期都会在烟雾缭绕的环境下核对策划文档。我是规律作息的拥护者，这种糟糕的环境让我无法接受，有些职场文化也让我无法接受，后来就自然而然地离开了。可有人依旧待在里面，那家公司的工资在市场上就是正常水平，但游戏项目赚钱，每个月发的工资+奖金是基础工资的 4 倍。

在另一家公司，我跟“过劳疯”的同学非常熟悉，他的身体素质极好，我们经常一起打球，他隐隐有 6 块腹肌，此前我们也在同一个项目组共事过。他“过劳”的那一段时间，我们都觉得他的工作强度很大，突然有几天开始连续说胡话，在一些群里胡乱发言，胡乱发朋友圈，还被人截图到知乎上引发了一些讨论，整个公司的人都觉得他不正常，所以公司派人把他护送回老家，他又被送往精神病院强制治疗。他康复后，我去看望他，他跟我讲了那段时间精神病院里的那些强制治疗细节，让人不寒而栗。

他康复后回忆说，**他那连续一个多月，有相当多的时间晚上处于睡不着觉的状态。他平均每天只能睡 2 小时**，满脑子想各种各样的事情，这里可能没做到位，那里还有窟窿要去填补，**弦被拉得太紧，然后突然就断掉了**。身处同一家公司，我还是非常清楚他的工作状态的，在 1 年前，我曾经有跟他一模一样的工作强度，这种害怕是后知后觉的，寒彻到了骨子里。

当时我与他的作息几乎是一样的，有那么一个月，我就没出过公司的门，每周 7 天，回 2 次出租屋换一下臭了的衣服，几乎就是睡在公司里的。我跟他的区别是，我困了就睡，抓住每一段空闲时间睡觉，就算开会睡着了也没人说我，大家都理解。饿了就吃，实在搞不定的事，就先放在那里，因为我责任心强，大脑高度运转是少不了的，经常有想不明白的事情，睡一觉就可以想清楚。梦里想到的东西，可以成为工作的素材。后来想想，其实是自己的睡眠、饮食、情绪等习惯好，自己的护甲比他的护甲厚，扛得住连续高强度的加班。

“过劳死”“过劳疯”虽都是极端事件，但在我们互联网领域也是屡见不鲜。可以说，这两件事的讨论范围仅仅是在一个比较小的圈层内，出了这样的事也不是什么光彩的事，那家公司也用了各种手段粉饰真相，控制舆论传播。每一个极端事件的背后全是隐患，有相当多的人有着各种各样的病，非常影响个人的生活质量，这些生病的人大多数会选择沉默，不会将自己的事曝光给媒体，健康就像干电池一样被损耗掉，最终隐入尘烟。

## 守护全家身心健康

我有一次上手术台的经历，29 岁那年去医院切割鼻息肉，这个非常小的手术让我在医院里待了一个星期。住院康复阶段，我跟护士聊天，她们说，我爸爸看我推进手术室的那一刻，泪眼婆娑，在门口不断祈祷……我最受不了的就是这种场景，我觉得自己简直糟透了，住院真的是浪费自己和家人的生命、金钱，自己痛苦，家人也痛苦。我永远不想让爱自己的人痛苦。

人生中有一些事，都是在住院期间想明白的。我赚再多的钱，取得再多的成就，如果健康倒了，这些成就也就失去了意义。没上过手术台的我，对这句话没有任何感觉。而自己在手术前签免责声明，然后被麻醉，把命运交给别人，再被推出来，躺在病床上什么都做不了的时候，感受最深刻。也幸亏是鼻息肉这种小手术，如果我是因为什么别的原因，比如因五脏六腑的毛病上了手术台，然后留下一个半残的病灶身体，没有以前那么能加班，能做业务了，从资本家的角度看我就没用了，他们 100%会将我抛弃，所以自己身心健康最重要。

这一段手术经历，让我更加爱惜自己的身体。手术之前，我还认为自己年轻、扛得住，自那以后，我在睡眠上不再亏待自己，关注饮食健康而非饮食快乐，刻意多抽出时间来运动，稳定自己的情绪。自那以后，我看了大量的文字、音频、视频课程内容，一切能够帮助我自己守护身体的内容都是我的关注区。睡眠、饮食、运动、情绪，看似是 4 个独立的模块，其实形成了一种互相影响的循环，是一定要守护好的部分。

从 18 岁到 36 岁期间，我因为生病去医院的次数没超过 5 次。除了那次切割鼻息肉手术花掉了 8000 元，余下的，自己的医疗费用，加起来也没有超过 1000 元。这些年唯一的遗憾就是体重过大，“过劳肥”，我曾瘦下来过，但一忙碌又胖回去了。

我感谢父母给予我一个好的身体基础，也感恩自己后天经历的那些事，自己的复盘反思、学习，自己放弃的一些东西，坚守的一些东西。这些东西内化成我自己的习惯，形成了我现在的健康观。学习的收益是多重的，当我与家人相处时，也会聊这些东西，父母的认知里有智慧也有糟粕，特别是老一辈的饮食习惯非常不好，而跟我在一起生活，他们其实也经历了一次被再教育的过程。每个人都会遇到睡眠、饮食、运动和情绪问题，久而久之，健康习惯就会同化。我们要尽量减少隐患。

只有照顾好自己和家人的健康，才会有足够多的本钱去照顾好其他的基本盘。

## 基本盘：父母

我曾经在自己的公众号上写了 5 篇关于孝顺父母的文章，主题分别是物质文明建设、学会智能手机、如何不被骗、保健品、饮食习惯等。这些年我的发展轨迹与父母的接触频次不同于其他人，故而有一些经验值得说说。

**及格线：保障父母的身体健康。**

**绩优线：提升父母的幸福感。**

达不到及格线会怎样？你会付出更多的精力、金钱和情感。这些东西会影响你自己的幸福感。

超过绩优线会怎样？你会变得很轻松，你会有比较幸福的生活，父母不是负担，而是助力。

2009 年，大学毕业的我去了北京。第一个春节，我为了赚加班费没有回老家过年，父母觉得过意不去，反正他们也没有稳定的工作，在哪里打工都一样，所以第二年他们也来了北京。他们在南城打工，我在北城打工，当时的相处时间是，每逢两三个周末，我都会坐车去他们那边看望，算是一家人团聚。即 2010 年至 2016 年我们在同一个城市，2 周见一次的生活持续了近 6 年。2017 年我辞职后全职写书，在武汉和父母一起生活了近 1 年时间。2018 年我独自去深圳打工，分开了 2 年，直到 2020 年在深圳买了房，又把父母接了过来，一起住了 1 年多。

很多人都是上大学后就和父母分开了，工作之后更是聚少离多，两代人的生活轨迹和环境不一样，所以两代人的很多观念无法达成一致。其中冲突比较大的是婚姻、职业、饮食、生活习惯等。随着子女成婚组建自己的家庭，两代人越走越远是注定的事。而老人越来越孤独、落寞也是注定的事实。

两代人意见不一致的情况实在是太多了，我也不指望能解决所有的问题。不要指望用三言两语、一番道理，去改变人家几十年形成的习惯、认知与价值观。我只是尽自己的努力来保障父母的身体健康及提升幸福感。

## 消灭信息差，不被骗

现在的骗术实在太多，随时代发展花样百出。其中比较严重的有金融类诈骗，比如民间借贷、保险、传销、投资养老院。每次曝光相关社会新闻时，我都是一声叹息。次严重的是威胁逻辑、电信类的诈骗。性质稍微好一点的是偏向服务的诈骗，出去旅游被宰或被忽悠买东西，买各种各样的保健食品、医疗器械等。

前者涉案金额往往较大，属于违法犯罪，是公安机关的打击对象，后者则鱼龙混杂，毕竟是带服务性质的，也不能一棍子打死，因为一个行业里的人有好有坏。但是如果有恶心事发生在我们的家人身上，确实是很闹心的。骗术之所以可以得逞，其实是信息差的缘故，即见识阅历不够，输入的信息不够。被骗的不只是老人，还有大学新生及大学毕业生。

关键词是信息差，那么做子女的就要解决这类问题。

老一辈人生活在小县城，信息源就是报纸、电视和他们所处的圈层。不会上网的人，信息面是非常窄的，爸爸妈妈租住在北京南城的地下室，为了解决娱乐问题，我第一时间给他们买了笔记本电脑并安装了宽带，教会他们看新闻和上网。2013 年，我给父母准备了智能手机，开始他们当功能机用，后面在我的教学之下，慢慢也学会玩了，直至他们不断地使用微信给我转发被骗案例和养生知识，我觉得他们被骗的概率降低了。另外，移动支付的出现使得他们不会收到假币，也不会把钱给弄丢。

再往后他们年龄大了，我劝他们别打工了，离开北京回老家养老享福。有一年，我过年回家的时候，发现家里堆满了很多保健食品及医疗健康类器械。我问了一下价格，估计加起来能有几万元，我不好评价这些东西的真假。爸妈还向我科普，保健品是指带“蓝帽子”（保健食品专用标志）的，至少吃进人体内没问题。可包装标志造假、证书造假、专利号顶替是一件成本很高的事情吗？谁会去查询呢？我只能默念：吃不死人就行。有些单品的价格很难不让我怀疑是不是被骗了。当我离乡返工去大城市时，他们还特地给我准备了保健品和医疗器械让我带走。这是纯纯的爱啊，他们把他们认为最好的东西给我。可是我的内心是复杂的。

后来我跟保健品圈内的金牌销售聊天，一句话道破本质，**【保健品的价格】=【制造成本+品牌营销成本+销售人员陪伴老人付出的辛苦费】**。我们对父母的关心太少，其实不能说被这些销售人员钻了空子，可是子女不在身边的老人们就是有这些需求，不然那些销售人员为啥花自己的时间组织老人出去旅游，陪他们跳广场舞啊，赚的都是辛苦费。

在我向爸妈发完脾气，反复劝说，跟他们讲保健品如何造假，讲安慰剂效应，讲销售套路后，爸妈有了很大的改观。

## 纠正错误的饮食习惯

罗列一下父母辈有哪些糟糕的饮食习惯。

（1）东西舍不得吃或忘记吃，一直放过期了，也舍不得扔，全部吃掉。其中以水果和零食为主。

（2）买特价水果，有些水果都快烂掉了，把烂掉的部分削掉，吃剩余的部分。

（3）每次做饭做很多，吃不完，不愿意倒掉，最后吃剩饭剩菜。饭菜里的汤汁吃进肚子里，吃不完留给下一顿。

（4）吃月饼、蛋糕、油条等高糖油盐食物，情愿让高油、高盐、高糖进入肚子，不愿意让它们进入下水道。

（5）每天要喝酒，喝酒的时候只吃肉不吃菜，吃饭的时候觉得嘴巴里面没有味道，喜欢搭配咸菜吃。

（6）不舍得花钱买腐乳，自己做腐乳，自己腌制咸菜，也不知道亚硝酸盐有没有挥发完，觉得味道差不多了，就开始吃。

以上内容来源于我逢年过节的所见所闻，也就是我的父母、我的长辈亲戚们的生活习惯。这些习惯**说是谋自己财、害自己命、伤家人心也不为过。长期的不良饮食习惯必然会引发身体问题，终归会进医院，让自己和全家承受心理痛苦，赔上时间，赔上辛苦赚的钱。**而父母辈们还振振有词地为自己的行为辩护，说有些习惯都持续了几千年了，我说古代人和现代人的寿命能比吗？说到最后就不说了，然后在我不在他们身边的日子，他们依旧我行我素。

如果读者你的父母是“70 后”，饮食习惯可能相对好一点。而我的爸爸是 1956 年出生的，妈妈是 1961 年出生的。年龄越大，饮食习惯往往越不好，那个年代的人，挨过饿，有着艰苦朴素的烙印。那些糟糕的饮食习惯最终会伤害他们的五脏六腑。典型如糖尿病、幽门螺旋杆菌等，会引发无数的伴生疾病。如果任由其发展，最终会让全家人一起痛苦。我见过太多的同龄人，双亲之一，或遗憾离世，或卧病在床，晚年依赖他人照顾，还经常有在养老院被欺负的事情。儿子闺女一年在外挣的那几个钱，都邮寄回家买药治病了。一场大病往往会动摇一个家庭的经济基础，生病就会成为家庭经济的拖累。每次看到朋友圈的那些水滴筹信息，我就会觉得心里难过，有些人干脆直接辞职在家照顾病人，好好的事业也被影响了。

如果我不和父母持续生活在一起，仅仅想利用每年有限的几次唠叨去改变他们的这些习惯，他们必然会把我的话当成耳旁风，事实是在我的家庭也是如此演绎的。我不指望用三言两语和一番道理，去改变父母几十年来形成的饮食习惯，但是我已经做好了打持久战的准备。

下面这张图是我在家里的冰箱上贴的一些健康知识，比如错误的生活习惯（专门手写），以及食物的 GI 值，哪些是降低血糖的（建议多买这类蔬菜），哪些是增加嘌呤的（建议避开），等等。

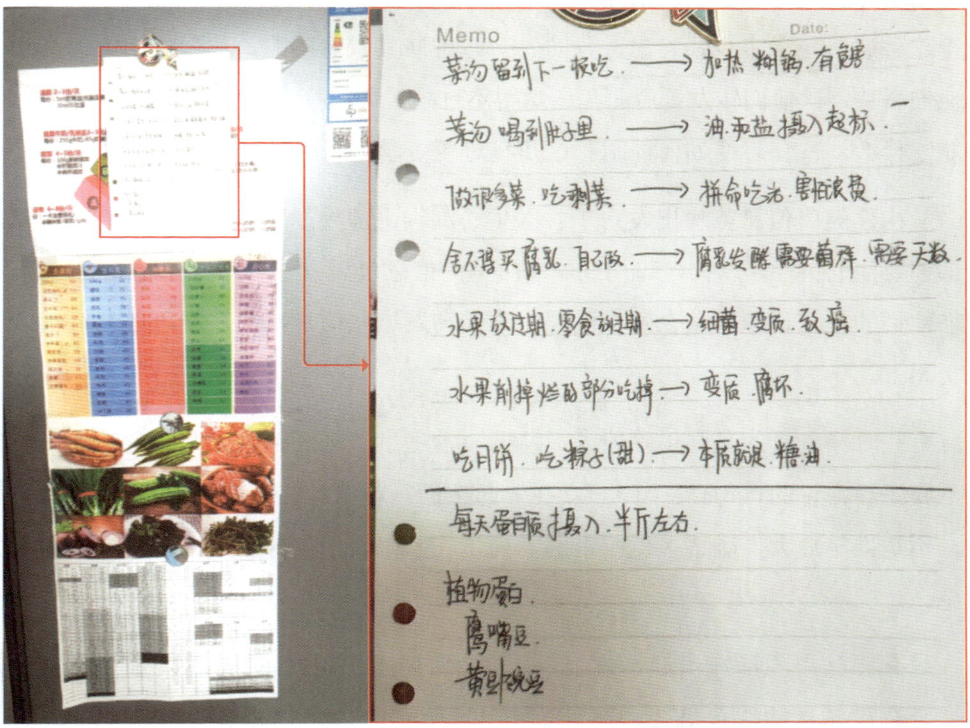

我爸爸年轻时健康意识匮乏，吸烟、喝酒及吃得油腻的饮食习惯侵蚀了他的身体，让他早早地患上了糖尿病，这个病又会引发各种各样的伴生疾病。等到戒烟控酒的时候，已经开始吃各种各样的药了。所以对我自己而言，一开局就是困难模式，我拼命地努力赚钱，就是为了有一天，可以靠金钱延续家人生命的时候毫不犹豫。我自己也不会坐以待毙，任由其发展，为了健康他得牺牲一些东西。妈妈在中间起到了很好的配合作用。于是在全家人的配合之下，高频信息轰炸他，下面我简单归纳要点。

**从父母会溺爱子女的角度出发，**以老妈不喜欢、儿子不喜欢、儿媳妇不喜欢为由，改变他高盐、高油、高糖的口味习惯，改变吃剩菜等诸多糟糕的饮食习惯。该劝的劝，该改习惯的改习惯，吵架没少吵，一家人打配合，黑脸、白脸、红脸全部安排上。

**从父母社交、关心亲友的角度出发：**谁家亲戚朋友得了病，多追问一句，为啥会得这种病？花了多少钱？怎么预防？一起推演其家庭影响，然后搜相关的文章，给他们科普，让他们转发。后面我还觉得不过瘾，让他打电话叮嘱亲友，能吃什么，不能吃什么，饮食习惯如何控制。这是我对费曼学习法的又一次应用。

**从构建健康信息茧房出发：**丁香医生、深圳卫健委、腾讯医典等官方公众号，全部都要他们关注，以构建可信的、高质量的信息包裹方式。为父母提供社交货币，增加他们的社交话题感。在那个圈层，光是转发这些信息，往往就可以获得很多的意义感了。

有些时候，真的是强迫症般的，从此，盐适度，糖和油都是全家的敌人。引用一下我妈经常说的一句话：**“跟子女在一起生活，就感觉在重新接受教育。”**本应如此，不是谁年龄大、赚钱多就听谁的，而是在某个有争议的领域，听最专业的人的意见。

只有跟父母生活在一起，才能够发现他们生活中的各种恶习，才有精力、有体力、有高频次的纠正机会。而且矫正某个人的饮食习惯，真的需要全家人的共同努力。

关于健康，有太多的话题可以讲，我推荐得到 APP 的《怎样健康活过 100 岁》系列课程。

## 提供生活的价值感

如果说不被骗和守护健康是守住下限的话，那么价值感就是更高层次的追求。价值感不同于幸福感，幸福感来源于被爱，价值感是觉得自己虽然年龄大了，但还有用，还能行，对子女有用，对身边的人有用，这便是人活着的意义。

这些年我通过努力奋斗，成功地从贫寒阶层跃迁，逢年过节期间我给爸妈带山珍海味，带各种科技数码产品，包厚厚的红包，这些东西都足以让他们在邻居、亲戚面前炫耀。我取得的一点点成就，也让我一度成为亲戚口中的模范后人，让我爸妈感到骄傲。这些仅仅是给予，是我一厢情愿的付出。

给他们钱，他们都舍不得花，存起来。

给他们买的电动牙刷等数码产品，就是不用，任由其落灰。

给他们买的稀有食材，说吃不惯，放到冰箱里冻起来，说等我回来吃。我就交过燕窝和鱼翅的智商税，海参不知道怎么弄，鹿茸片也不知道怎么弄，很多东西买回来，他们并不知道怎么做着吃。

安排旅游这件事，他们能给你找一堆理由数落你，说浪费钱，而且每次都很累。电视上经常说黑导游强迫购物，那个地方其实也没什么好玩的……每次为旅游的事吵架，我花了心思，花了精力，回头还不落好，无端增加烦心事。

上面这些是发生在我家里的真事。不懂父母，**只是一厢情愿地付出，只能给自己落得一个心安理得**。物质上其实早已让他们很满足了。我花费了足够多的精力让我的妈妈学会了使用智能手机，带着他们玩，充盈他们的精神世界，享受这个时代的一切便利。具体表现如下：

（1）微信，超级无敌重度用户，邻居老太太们想跟子女视频，都是她教会的。

（2）酷狗音乐&全民K歌自己搜索、下载、录歌，也经常帮助其他人下载音乐。

（3）腾讯视频搜索并缓存，坐长途车的时候，没WiFi的情况下免流量观看。

（4）使用12306订火车票，其他人需要买票的时候她可以帮忙或代劳。

（5）高德、百度地图，给一个地址就会查地址、搜路线，知道公交车还有几站到站。

（6）参与某微商APP卖竹纸巾，玩分销，并且成功挣到9000多元。

（7）用支付宝缴纳水电费、买理财基金等，有盈利。

（8）银行卡转账（目前只会用农业银行和工商银行的APP转账）。

（9）使用一些APP薅羊毛，搞了几十斤大米，带着其他老太太一起薅羊毛。

（10）淘宝拍图购，扫超市商品的条码，查询网上价格。唯品会、拼多多的重度用户，下单数量超过500，会看评论，会跟电商的客服沟通，并完成整个退货行为。帮助她跳广场舞的小姐妹们充话费，帮她们买鞋子、衣服、食品，等等。成为广场舞广场上的KOL。

基本上年轻人会的，她都会，说起我妈妈，我简直跟晒成绩单一样感到骄傲。

她生活在小县城，上述能力已经是高频重要生活能力了。她那里的很多人都不能很灵光地使用智能手机，依然把智能手机当功能机用，或者就是简单使用微信和抖音，她对周围的人进行智能手机教学，俨然成为他们那个圈层的智能手机推广大使，帮助很多老年人学会了使用智能手机。疫情3年，健康码、行程码、预约疫苗等很多功能老年人不会用，她就帮助了不少老年人。

认知上，她也跟得上时代，她通过丁香医生帮助爸爸控制血糖，通过公众号知道各种年轻人的流行梗，懂得网络诈骗的套路，她把这些重要的信息给周围的人进行科普，查信息不搜百度（知道魏则西事件），而是搜知乎、豆瓣、B站等。知道婆媳相处的那些事，了解现在年轻人为什么不结婚，为什么择偶难，向他们那个圈层的老年人解释。

2022 年，我跟妈妈在深圳一起生活，我给她买了一台 VR 设备 PICO4，并且在一星期内教会了她如何使用。有一天，她回到小县城的时候，给她周围那些一辈子都没坐过飞机、过山车、摩天轮，没去过其他地方旅游的朋友们、老人们体验，让他们也用更低成本的方式，看北极冰川的光，赏喜马拉雅的雪，游遍山川河泽，遍历名胜古迹。

这些技能“长”在她的身上，让她成为一个有价值的、被周围人欢迎的老太太。自己虽然年迈了，依旧被别人需要，依旧可以帮助到别人，这真的是比幸福感更高级的事情。

## 基本盘：伴侣

伴侣是人生最重要的选择。最好的伴侣彼此成就，最糟糕的伴侣互相消耗，大多数人则是中间态，就这么凑合着过吧。

对于伴侣这个命题，我们要解决 3 个问题：**选择题、判断题、应用题。**

（1）**选择题：**选择一个怎样的伴侣过一生，自己得有一个筛选标准。

（2）**判断题：**判断对方是不是这样的伴侣，这需要依靠阅历进行判断。

（3）**应用题：**如何和对方一起过好这一生，要相信你们两个能够经营好家庭。

筛选做得好，后面的经营就会很容易。筛选做得糟糕，后面会付出巨大的心力。一个成年人，不要试图圣母心、恋爱脑，不要尝试去改变另一个成年人，而是直接在前面的阶段做好筛选。

我结婚比较晚，在筛选伴侣的事情上投入了足够多的时间，步入婚姻后也努力经营，让彼此变得更好。

## 婚姻是个大难题

我的朋友圈中至少有 4 个优秀的女孩子，英年早婚而后离异，有些还带了娃，独自打拼事业，离婚的过程可以说是让人伤痕累累。我知道其中一些细节，在维持摇摇欲坠的婚姻及最终离异的过程中，双方都遭受到巨大的痛苦，最终婚姻完结。非要说她们有什么错，那就是前面 3 道题目可能没做好。

绝大多数人也不会对自己的婚姻做总结和复盘，而过得不好的人，往往只剩下怨气，这种事情大多数人往往讳莫如深，不愿意多提及。有些年长者会总结出诸如“不要找原生家庭不好的”“一定要看住男人的钱”“找个看起来不花心的”“不要××地域的”等偏狭的观点去影响年轻人的判断。

有人说多谈恋爱就可以积攒经验，但是这种经验是有限的，可能积攒的更多的是相处的经验和分手后的自我疗愈经验。恋爱和婚姻是完全不同的两类事，学生时代的恋爱可以只考虑较少的维度，比如性魅力，对自己好即可。不喜欢了就可以立刻换掉，几乎没有什么代价。而婚姻则完全不是，离婚付出的代价堪称生了一场大病，十分惨痛。

在选择婚姻的时候，思考的维度实在是太多了，家庭背景、性格情况、忠诚不花心、无不良喜好、健康情况、经济基础、职业发展&稳定性、性和谐、情绪价值、与对方家人相处的模式、爱自己还是自己爱……即，无论你此前的恋爱经验如何丰富，在面临婚姻这道题目的时候，没有标准答案，连辅助线都没有。

年轻一代的婚姻导师的择偶观念，大多来源于上一代人，即父母或者七姑八姨。他们爱我们，会很认真地拿他们的阅历作为经验，给我们参考和指导。他们热心，他们积极，层层把关只为了我们幸福，可是爱我们的人未必是一个好导师。他们中的一些人可能自己都过得不好，就稀里糊涂地混到了现在。有的时候跟他们沟通，还不如跟那些有阅历的同辈人沟通，去看那些过得特别好（参照）或者特别不好（避坑）的人。

我们没有必要把所有的雷都踩一遍，其代价过于惨痛，人只要踩 2 次雷，便会产生“再也不相信爱情了”“××靠得住，母猪会上树”的怨念心态。多次失败还会产生自我怀疑，继而让自己失去信心，但可能只是自己择偶不慎、遇人不淑。

## 科学决策勾勒画像

我曾经有过连续半年每个周末都去相亲的经验，极端的情况是 1 个周末见 6 个女孩子，也跟很多红娘聊过天，其中有一个必然会讨论的话题，那就是**“你想找个啥样的？”**

当这个问题摆在相亲者面前的时候，大多数人都没想好，或者不知道如何表达。笼统的说法，比如门当户对的对象，像某某一样，比如踏实靠谱的。有些人的回答更具体，身高多少，收入几何，职业怎样，家庭怎样，等等。这些不应该是简单的描述可以概括的。今天我用理科思维去解决这个**命题：你想找一个怎样的伴侣度过这一生？**

婚姻应该是一个人最理性的决策。何谓理性？就是进行科学判断。何谓科学判断？拆解成动作就是设计足够多的评价指标，然后为其打分。最后基于多方权重，为自己想要的伴侣做一个画像。就跟买房、体检、找工作一样，一定要有标准，考虑得越多，越成熟。你越认真，投入越多，思考越缜密，答案就越靠谱。比如说“潘驴邓小闲”就比“高帅富”的标准要好，因为考虑得足够多。

可惜大多数人都没有这种能力，下面的方法（见下页图）可能略复杂，但是很有用。

维度和指标你尽管罗列，罗列得越多，说明思考越周全，但是周全到一定程度，又会让人“决策瘫痪”。因此，自己认为重要的就加上，认为不重要的就删掉。

## 你想找一个怎样的伴侣度过这一生

你希望他/她的情况 | 目标对象的实际情况

| 维度 | 指标 | 理想范围 | 权重 | 子权重 | 甲的情况 | 乙的情况 | 丙的情况 |
|---|---|---|---|---|---|---|---|
| 基本资料 | 年龄 | 26~33岁 | 0.x | | 30岁 | 36岁 | 25岁 |
| | 学历 | 本科以上 | | | 研究生 | 博士 | 专科 |
| | 家乡 | 描述 | | | 河南信阳 | 辽宁沈阳 | 广东深圳 |
| | …… | …… | | | …… | …… | …… |
| 经济条件 | 家庭背景 | 描述 | 0.x | | 个体工商 | 农民 | 医疗系统 |
| | 年收入 | 30万~80万元 | | | 40万元 | 80万元 | 28万元 |
| | 职业 | 描述描述 | | | 私企老板 | 大学老师 | 程序员 |
| | …… | …… | | | …… | …… | …… |
| 家庭情况 | 父母健康 | 评分6分+ | 0.x | | 6分 | 5分 | 8分 |
| | 父母收入 | x~y | | | 15万元 | 2万元 | 50万元 |
| | 兄弟姐妹 | 描述 | | | 独生子女 | 2个弟弟 | 1个姐姐 |
| | …… | …… | | | …… | …… | …… |
| 外型条件 | 容貌 | 评分6~8 | 0.x | | a分 | b分 | c分 |
| | 身高 | 170~180cm | | | 165m | 175m | 179m |
| | 体重 | 70~90kg | | | a kg | b kg | c kg |
| | …… | …… | | | …… | …… | …… |
| 内在修养 | 性格 | 评分x~y | 0.x | | a分 | b分 | c分 |
| | 责任心 | 评分x~y | | | d分 | e分 | f分 |
| | 情绪价值 | 评分x~y | | | g分 | h分 | i分 |
| | …… | …… | | | …… | …… | …… |

**维度+指标** 尽量全面

**理想范围** 尽量有弹性

**权重**高低说明更在意什么

绿色代表优势
红色代表劣势

尽量量化数值

择偶、跳槽、买房等所有复杂的选择都可以使用这种科学的思考方式

请更有见识的人协助修正，而非亲密的人

**理想范围**其实就是想办法把前面的指标给定性或定量，范围有上限和下限，下限就是最低接受度。比如设定身高范围为 160～180cm，那么这个范围外的人完全不考虑。

我们看人一定要看综合指标。比如说，很多女孩子都希望自己的伴侣身高能达到 180cm。那么 175cm 行不行？如果一个男人其他各方面都是上上之选，就是身高只有 165cm，行不行？长得帅、能赚钱，但生活作风混乱，能成为自己的婚姻对象吗？恋爱的标准和结婚的标准完全不同，谈再多恋爱也没用，因为题目都变了。

所以，我建议在做筛选的时候，把范围尽量放宽，最后还要进行加权计算。

**下限是非常重要的考量指标，这些东西意味着自己的底线保障，**比如说：

他情绪不稳定，就会有家暴风险，这就是底线。

他恋爱后还跟各种异性没有边界地往来，就会有出轨风险，这就是底线。

他生活不自律，体检指标一塌糊涂，健康隐患大，这就是底线。

有些职业天生具有危险性，比如大货车司机、缉毒警察、消防队员，比如在酒吧夜场工作的人，我没有任何职业歧视，相反对有些职业极其尊重。但是设定标准的本身就是一种歧视，歧视只是经济学里的中性词，有选择标准就会有歧视。

男怕入错行，女怕嫁错郎。结婚对女性的风险是巨大的，找婚姻对象对女性而言是在能保证下限的情况下做筛选。一旦观察到某些地方有较大的风险隐患，就可以考虑放弃。还是那句话，普通人想要改变另外一个人是很难的，不如在筛选阶段提前做好功课。

**权重**其实就是自己更在意、更看重什么。**在保障下限的情况下，剩余的就是加分项。**面对权重，很多人的喜好不一样。

有的人不在意年龄，有的人不在意职业，有的人不在意胖瘦。那么这些就是低权重。

有的人更在意外貌，有的人更在意情绪价值，有的人更在意经济条件。那么这些就是高权重。

大多数阅历不足的人在建立表格的时候一开始都是单调且偏狭的，你需要不断地修正。举个例子，有些人迷信，非要在意星座、属相、生辰八字甚至血型的般配，这种迷信希望不要出现在你的权重之中。还有一种情况是极端派，一定不要找××地域的人，父母离异原生家庭不好的不要，学历太低的不要，这种极端派是非常不理性不科学的，既蠢又坏，可能让你错过良人。

权重从一开始可以按照自己的喜好选择，然后随着自己阅历的成长，你会不断地修正。我也建议让**更有见识的人帮助你修正你的权重。**

举个高级点的例子，性魅力。不管是男神还是女神，热恋的时候感情有多么炽热，海誓山盟可以为对方付出一切，两个人只要在一起了，通过朝夕相处，性魅力会随着时间流逝，体内的多巴胺、费洛蒙、肾上腺素、羟色胺的分泌会逐渐消失，直至归零。通俗地说，就是没感觉了。于是中间一部分不负责任的人便开始寻找刺激，然后很多家庭就开始出现伦理悲剧。

再比如性格，年轻的时候无论男女都会被有些叛逆、有些小坏的人所吸引，他们的情绪有张力，为了自己所坚持的东西不顾一切。他们邪魅狂狷、放荡不羁，看一眼都觉得酷毙了。然而任何行为都是有代价的，如果走上社会依旧如此，那么社会规则会教他做人。这种不稳定态的伴侣对婚姻大概率不是一个好的选择，远远不如那种生活没啥大惊喜，甚至有点木讷，但下班按时回家的老实人靠谱。

建立了表格之后，应该不断地修正，自己的意见应该是主体，但也应该邀请那些更有见识、更愿意帮助你的人协助修正。在此我要强调一下，是邀请**更有见识的人协助修正，而非亲密的人**。

当成功建立了一张分析表格后，差不多就可以画出一个画像，勾勒出你的伴侣在一个怎样的区间。如果你从年轻的时候就建立这么一张表格，去观察每个人，那么你思考判断人的维度会更立体、透彻，你的决策质量将远高于他人。

接下来，就是对人做初步判断和评估，你有各种途径去认识更多的人，从认识到熟悉，到暧昧，到成为恋人，再到潜在的结婚对象。通过不同层次的接触、相处，多方打听、判断，并在各项指标上定性和定量。

只要将筛选做好，经营就会轻松。但是人是会演戏的，自己也会被爱情冲昏头脑，识别判断人非常需要经验。阅历是什么？是吃过亏后的总结复盘，但很多的亏并不需要自己去吃，且自己的总结也未必对。如何识别人、判断人，就不适合在这里展开了。希望你多读书，多跟段位比你高的人接触，提升自己的识人、辨人能力。

## 经营婚姻是个技术活

前面的筛选做好了，后面的经营都是加分项。一旦经营得好，“柴米油盐酱醋茶”也可以过成“琴棋书画诗酒花”。

以我自己有限的人生阅历，其实不适合谈经营婚姻的问题，我学习了大量的图书和课程，与有阅历的人交流，再结合自己的实践经验，分享自己的一些心得。

### 1. 经营好双方的经济基础

这个社会对男人的评价的标准之一就是经济条件，所以很多年轻貌美的人都会这么想，希望对方有钱，他负责赚钱养家，我负责貌美如花。这种心态，用电视剧《天道》里面的话来说，就是典型的“弱者思维”，这种等、靠、要的穷人心态不会让你幸福，有些事只会在童话和韩剧里上演。你未经世事很幼稚，你怎么选都是错，你大概率会遇见骗子，因为只有骗子可以满足你的需求。

很多富豪的妻子的颜值都是挺普通的，为什么选他作为伴侣。关键词是——一起经营。

婚姻是 2 个人的事，讲究势均力敌，不是郎才女貌这么肤浅，而是双方在认知上有很多的观念相似，即使相异也可以通过协商达成一致（高情商表现），这些观念在走进婚姻前的相处中，有大量的细节可以观察彼此是否合适。

经济基础保障，分解开来，是事业发展与收入，是消费习惯与欲望。数学上而言，赚钱是加法，消费是减法。两个人的搭配，对事业发展与消费欲望的认知一定要达成一致，否则就会产生很多矛盾。

先说事业发展。一方小富即安要陪伴，一方鸡血奋斗不着家，矛盾自然来。鸡血奋斗意味着其中有一方在家庭中是缺位状态，引发“明明结婚结果丧偶式育儿”的抱怨，而另一方是“我每天累死累活究竟为了谁啊”，双方在自己的立场上都没错，原因是筛选的时候没弄明白，沟通的时候没达成一致。

再说消费习惯与欲望。很多时候消费习惯是从小的家庭环境带来的，门当户对之所以被广泛认可，是因为相同的情况更容易让彼此的消费观达成一致，从而减少争吵。而欲望是会不断膨胀的，每个人都不一样，一方“你看人家的家里如何如何”，另一方“咱家什么情况你还不了解啊”，双方在自己的立场上都没错，但是筛选结婚对象的时候没弄明白，沟通的时候没达成一致。

夫妻一起经营的前提是达成共识，做出明确的分工，后面就是投资理财、医疗保险、规划支出这些命题了。

这里有必要强调一下，**无论一方多么有钱，另一方一定要有独立养活自己的能力**。希望你们永远不要体会到这句话的痛。推荐一个剧《我的前半生》，有些坑也不用自己经历，刷剧即可。

**2. 经营好双方的精神交流**

精神交流是什么，说大白话就是互相说心里话，因为良好的沟通是前提。

物质生活是外在保障，精神生活则是内在支撑，这要求两个人有着相近似的价值观，对大多数问题能达成一致，才能够做到琴瑟和鸣。但是能玩到一起、长期下来却过不到一起的例子比比皆是，所以这里特别考验沟通，对有冲突的部分要能做到求同存异，彼此迁就。

双方相处很舒服，对事情的看法趋同，是成为恋人的基础。而更考验彼此感情的则是，**在面对冲突时彼此的态度及后续的动作**。一旦准备往婚姻上发展，要观察**吵架后是否能够平静下来，找出分歧点，并且妥善解决分歧**。

很多人对性格互补有着错误的理解，比如易冲动和“温吞水”，粗心大意和细致入微；有人认为这样就是互补，能包容彼此，其实并不是的。所有的易冲动都是由于不在意对方才说出伤人的话，所有的粗心大意都是不关心对方才会有忽略的行为。他为什么不对自己的领导易冲动呢，为什么不对自己的前途粗心大意呢？而偏偏要对你这样。

我们看到在一些场合，一方包容另一方，大多数是包容的那一方修养更好，或者是暴脾气的一方在其他地方有所补偿，就跟你愿意在单位里打工受气一样，领导给你发的红包叫“受气包”，领导给你的加班费叫作“窝囊费”。相处过程中肯定会有各种各样的小矛盾与小分歧，如果一方持续隐忍，小矛盾终有一天会憋成大矛盾，某天急眼了就过不下去了。

如果面对同一个问题，对方始终不改，一直做伤害对方的事，那么他就是自私，就是不爱你。这种关系没有必要走进婚姻。那些会经营的高手往往都是愿意沟通、愿意磨合、甚至愿意迁就的。迁就是示好行为，对方也会感知，也会在一些场合对你迁就。如果只有一方迁就，典型如嫁入或入赘豪门的人一样，面对另一方无处不在的强势，也会活得没有自我，没有独立人格，同样也得不到等价的尊重。

能沟通是经营好婚姻的基础，两个有着独立人格的人会为了对方**彼此**调整自己，**彼此**迁就，这才是爱，才是精神生活的基础。我比较欣赏《射雕》里的郭靖和黄蓉，杨过与小龙女，分开时各自强大，在一起时天下无敌！

好的精神交流不光是释放好的一面给对方，也要暴露自己的不堪、脆弱和痛苦，在自己承受不了的时候，对方能够帮助你、给你力量，帮助你撑过那些苦难的岁月。

## 基本盘：子女

从嗷嗷待哺到青春期，再到成年，这个命题过于宏大，有太多的事值得操心。我自己没有多少资格聊这个话题，因为并没有把子女养得多好的履历。若是论养育子女，更符合主流价值观的人应该是约 20 年前的一本书《哈佛女孩》的作者，在主流价值观里，这是教子女有方的典范。

但我有两方面经历，一方面是我出身贫寒，父母不具备“鸡”娃的资源，**只有基础的教育资源，他们培养我养成诸多好习惯，让我长大成才**。

另一方面是，我是游戏从业者，我了解**如何让子女不沉迷游戏，如何用游戏化设计帮助孩子养成好习惯**。我曾经在一些社区里分享《如何不让孩子沉迷游戏》这一话题，获得非常多的正反馈。在这个命题上，我是比绝大多数人要专业得多。

### 孩子为何沉迷游戏

游戏设计者从游戏设计之初就想方设法地让人沉迷。发展到今天，这个行业已经有几千亿的产值，每年光上线的游戏就有几百款，一年年从“红海”卷成“血海”，能存活下来的千里挑一，所有能留下来让大家玩的游戏都具备上瘾属性，无法让人上瘾的游戏早就被市场淘汰了。游戏设计师们是最懂得人性的，懂得如何让人欲罢不能，甚至为其付费，连大人都抵抗不了，何况自控力比较差的小孩。

小孩为什么玩游戏呢？因为生活中、学习中都太无聊、太有挫败感了。比如这个小孩读书不咋样，体育也不咋样，总之各个方面都不咋样，而游戏里只要努力，就能够快速获得反馈和成就感，持续努力还有可能获得尊重甚至自我实现。重点是**学习和生活太无聊、太有挫败感，游戏能提供快速反馈与成就感**。

即使你强制戒断游戏，且不说这个事的可操作性如何，还有短视频、漫画番剧、网络小说、主播等诸多玩物丧志的消遣，只要他们比学习有意思，就足够“毁掉”孩子。电子游戏被发明之前，每一代人都有教育不好孩子的家长，只不过替罪羊不同。此前是武侠小说、录像厅、街机、网吧、溜冰场，现在就是手机、游戏。电子游戏是诸多家长深恶痛绝的东西，电子海洛因污名化游戏已经多年，作为从业者也懒得辩解。

学习有挫败感，游戏有快乐。工作有挫败感，娱乐有快乐。小孩大人都是一样的。如果不了解深层次的原因，不解决根本问题，即使把游戏强制戒断，孩子也会沉迷其他的消遣，并不能解决根本问题。

## 正负反馈与正负循环

我自己是一个偏科十分严重的学渣，我喜欢语文讨厌数学，政治可以拿满分，地理及格都危险。我跑步 1 圈 400 米都觉得无法坚持，却可以在炎热的夏天抱着篮球从中午 12:00 一直打到太阳落山……为什么？是因为我在喜欢的事情上有正反馈，有成就感。我知道自己的家非常穷，不好好学习没有出路，可是依旧忍不住跟家里躲猫猫、打游戏。我曾在最不擅长的学科遇见了最不想辜负的老师，我付出了很多的努力强迫自己，可是我依旧让她失望。

有些事，不是个体凭努力就能改变的。

我妈妈的高中同学是我们当地一所学校的校长，她的老公后来做到教育局的局长，她家里的教育资源在我所知道的范围里可以说是顶配中的顶配了，论“鸡”娃投入的资源没有人比得过她，每年花在教育上的钱在当时是一个吓人的数字。极度地望子成龙。她的小孩考了钢琴十级，各种比赛成绩证书拿回家，可是后来却在高中辍学，为什么？逼得太紧了，恶心了，看见读书就产生生理性不适。

有些事，更不是家长强迫、堆资源就能改变的。

我的故事和高中辍学的故事可能是个例，但每个个例的背后，有相当多的群体也是一样的。人喜欢什么，讨厌什么，全看体验。**频繁负反馈就受挫，逼得太狠就恶心，唯有擅长并持续获得正反馈和成就感的事情，才可以持续，直至沉迷。**

如果在我接触篮球的时候，半天摸不着、抢不到、投不进，全部都是负反馈，那么我是不会沉迷的。至少我早年在乒乓球项目上一度非常受挫，想想当初，初次接触乒乓球的时候，对方并未为我设置合适的挑战难度。运动的逻辑与学习的逻辑也是相似的。我有些科目好，有些科目糟糕，无非就是当初遇见了不喜欢的老师，讲课无法吸引我的注意力，导致我分心。一旦某些知识点没掌握，某些进度跟不上，就会持续受挫。而在自己喜欢的项目上，可以获得正反馈和成就感，自然就会投入更多的时间。然后**擅长的项目进入正循环，讨厌的项目进入负循环。**很多的事开始是不需要什么天赋的，而是特别看重新手体验阶段的引导。

在所有消遣中，游戏是最能给人良好体验的方式。它提供最好的心流体验，即根据你的水平去匹配难度，让你的能力成长的同时遇见的挑战是跳一跳就够得着的。如果能力大于难度，就会觉得无聊；如果难度大于能力，就会受挫，这刚好就是心流。

那么能力和挑战匹配得刚好是怎样的程度呢？比如说我给学生出题目，怎样算刚好？答案是 85%。即 85%的题目是学生能搞定的，15%的题目是搞不定的，这是科学家通过无数方式测算出来的数值。

## 投入陪伴，以身作则

既然游戏可以塑造人在虚拟世界的体验，那么家长可以塑造全方位的体验。家长完全可以有选择性地在一些事情上（比如陪他打游戏）给孩子们负向体验，在另外一些事情上（陪他学习某个知识点）给孩子们正向体验。

我小时候家里有个书架，上面摆着各种书，家里人也教我认字，陪伴我背古诗，爸妈会制造各种机会让我进行才艺表演，然后得到表扬（正反馈），从此我就喜欢上了古诗。背得越多赞扬就越多，从此进入正循环，具备了文字亲和度。后面我发现我喜欢的、擅长的、痴迷的一切东西都来源于不经意间塑造的正循环。这种正向的体验家长是可以塑造的。

我讨厌的东西也是不经意间塑造的负循环，第一次摆麻将是跟其他小孩子一起闹着玩，他们都是麻将高手，也不让着我，于是我非常受挫，觉得特别没意思（负反馈）。而那些开始就赢钱的，并且通过努力提升水平且持续赢钱的人，最后有可能走上赌博的路。

在我小时候，我妈妈主动把我带进街机厅，了解游戏是个什么东西，消灭好奇感，告诫我伤害眼睛什么的。后面我也被同龄人拐进了街机厅，在格斗类游戏上也是被同龄人疯狂虐和言语羞辱，自然也觉得没啥意思。

做家长的，也不用把游戏看成洪水猛兽，碰都不让碰，越不让碰孩子越猎奇，越是躲着你玩，特别这种事高发在青春叛逆期。很多考上好大学的孩子也是接触游戏的，我建议家长们：孩子玩什么，你也跟着玩什么，控制度就好。甚至在一些时候，刻意给孩子塑造游戏负面体验。

在我成长的年岁，那些学坏的孩子大多数都是家里不管的孩子。他们混迹于各种游乐场所，有些甚至当混混。他们的家长大多数也都是自己不学习，成天打牌，于是小孩子也有样学样。小孩子不学好，多数是由于缺失家长的陪伴。不要寄希望于学校，一个班级那么多人，老师平均分给每个孩子的教育资源就那么一点点。

我的家庭条件不太好，从小没有很好的教育资源，就读于极其普通的初中、高中和大学。但是在我成长的过程中，父母的爱始终没有缺失，始终有着很好的陪伴。他们跟我讲述生活的不易，学习是改变命运的捷径。我的父母努力地工作赚钱养家，并且身体力行地跟我讲做人要踏实。在他们的影响下，尽管我偏科，但我从来不放弃努力，这是家风，是对个人品性一生的影响。

**我很幸运从小便养成了喜欢阅读的习惯，相比一些看书就困的人具备太多的竞争优势了**，很多的知识我的父母无法给我，但喜欢阅读使得我不断地从书中获取营养。虽然慢一点，但始终是成长的。后面我读了很多书，也补齐了教育资源。

往往父母是怎样的人，孩子大概率就是怎样的人。在成长发育的过程中，父母的行为和表率其实都会在孩子身上得到映射，大概率会有样学样。如果自己没有时间，扔给祖辈管教，那从某种意义上说，孩子也会学习爷爷奶奶的行为。**具体是谁带大可能不重要，重要的是带孩子的人要具备优良的习惯**。

重要的话说 3 遍，**好的习惯！好的习惯！好的习惯！**一定要帮助孩子养成好的习惯。

子女基本盘，这个话题实在是太大了，以我有限的阅历和内容更难以展开。向你推荐《心理抚养》《亲密关系》《正面管教》《自卑与超越》的解读版，有些外文书不必看原文，听人讲更易于吸收。可以听樊登、得到、喜马拉雅，有诸多的讲书人帮你提炼精华。

推荐得到的课程《Dr 魏的家庭教育宝典》，在教育孩子上，你会有更多的助力。

对家长和比较大的孩子们，推荐吴军博士的 3 本书《见识》《态度》和《格局》，希望两代人共读并身体力行。

## 基本盘：亲友邻

当我写完了父母、伴侣和子女后，到这里已经给不出什么东西了（一个人能照顾好自己的小家就已经足够），也几乎没有更多的时间扑在这些事情上。

有一种观点：穷人靠出卖劳动力赚钱，富人靠经营人脉赚钱。这个观点没错，很多大佬也是这么认为的，我也不反驳这个观点。任何道理都是在特定的场景下成立的，任何社交都是在实力对等的情况下开展的。可那是大佬干的，不是普通人干的。对于容易把普通人带进“沟”里的陈词滥调，毫无营养。

社会关系如何经营，真的是不同的城市、阶层、行业、文化、阶段，会有不同的做法。假如你的老家有一个公务员亲戚，他在饭桌上对你掏心掏肺，给你语重心长地讲述了他当初如何从底层一步步“爬”到现在的位置，他的方法、套路和技巧，你敢拿到一线城市的民营企业里用吗？在小城市讲究亲缘关系和熟人社会，在大城市更多是看能力的，在一个地方被奉为圭臬绝对有效的方法，换到另外一个地方就完全大错特错。

关于处世智慧，推荐熊太行的书《掌控关系》《不完美关系》《凡人动了心》与得到课程《关系攻略》，他的体系相对比较完整，场景案例丰富，可读性比较高，比较系统地告诉你更好的处世智慧，我就不寻章摘句做搬运了。

而在大城市奋斗的我，只琢磨自己**能不能给别人提供利他价值**，能被你用我就很开心，这一块我自己没有刻意去经营，基本没有投入时间。

关于亲，多数时间在一线城市，回到老家就入乡随俗，平辈人如果不在一个行业几乎无交集，关注长辈和后辈即可。给老人包红包，帮助有潜力的后辈，给他们一些求学、求职的指导和建议，是为利他。

关于友，多数来自职场社交，工作关系是同事，工作之外还能玩在一起的朋友可以进入友，离职后认可对方的人品，偶尔联系、互相照应、彼此介绍机会的人则可以成为密友。

关于邻，基本都是点头之交。我会主动给自己贴标签，比如在业主群里自己的备注名处说明自己擅长的领域，向邻居提供专业帮助，当邻居有需要的时候能想起你，多结善缘。

任何友都有距离上的远近、关系上的亲疏之分，人的社交上限是 150 人，我在社交中一切以利他为原则，我从来不做刻意筛选之事，交友只看人品。

我很喜欢在一线城市生活，所有服务都可以用钱来搞定。为此我不需要多么功利，比如与公务员、教育、医疗单位的人刻意交好。

一个人的圈层提升靠的是自身的实力与履历，而非经营，无论做哪个行业，实力才是硬道理。实力对等，才有社交的可能性。而圈子不同，不必强融。我自进入社会以来就没有刻意经营自己的社交关系，领导让我去 KTV、去酒桌、去滑雪团建，我显得非常木讷，远远不如在办公室里加班来得轻松自在。我努力把自己打造成一个对别人有用的手艺人。

人是否有用，多数情况都会体现在工作成绩上；人是否靠谱，更体现在对待很多事情的态度上。比如守时不迟到，凡事有交代，做事情投入、极致等这些大基本功上。

人的时间和精力是有限的，利他也有选择，一种是帮助可能产生回报的人，另一种是帮助有潜力且值得帮助的人。前者是交易，虽然很多时候不以金钱作为交易的形式存在，但它是纯粹的互惠动作。后者是投资动作，我看“有潜力，值得帮”就像看当初拼命努力的自己，愿意在这类人身上花精力，结善缘。

亲友邻，在我这里是家庭以外的社交关系，以我有限的阅历只能建议大家按照我推荐的书里所讲的方法行事，前面推荐过《见识》《态度》《格局》，这里再推荐一本书——瑞·达利欧的《原则》。

## 基本盘：爱好与消遣

实话实说，这是我最想一笔带过甚至直接忽略的部分。因为爱好消遣，说白了就是让自己爽嘛，满足欲望就好嘛，爽本身就可以了，需要有人来教吗？但是为了给你们提供价值感和收获感。我还是讲一些。

前面讲过多巴胺和内啡肽，差不多就把消遣行为分了类，但这里可以放过自己，做自己喜欢的事。我自己的爱好消遣充满了功利的想法和做法，说白了，就是能够为自己加持，提供可成长性。

从小到大，自己的爱好一直在变化，大多数是大众型的。比如打游戏、组织活动、打篮球、踢足球、玩桌游、徒步踏青、看电影、吃喝等大众娱乐。当然还有看书、写作、做分享这类小众爱好。

也有很多不是爱好的，比如我不喜欢唱歌、喝酒、滑雪、游泳、露营、旅游、摄影等，大多数玩不好，偶尔也会参与，去也纯粹是社交行为。

我是这样看待爱好的，就是我喜欢的、痴迷的、能够给自己带来愉悦感的，愿意花钱、花时间琢磨怎么才能弄得更好的东西。且我对喜欢的东西**极其沉迷**，喜欢**成为链接点，喜欢输出**。

**链接点=结构洞**，为降低读者的理解难度，本文称之为链接点。

有多**沉迷**？废寝忘食，比如高中打球可以从中午打到太阳落山，大学打游戏能 3 个月不出宿舍门，每天上线 18 小时。

**链接点**就是为了方便他人发起链接。

**输出行为**指的是输出内容，包含但不限于文字、图片、视频等。

我高中的时候打篮球，打成了学校的明星，因此成了体育委员，成了班干部，不经意间锻炼了群体组织能力。体育也给了我健康上的锻炼加持，并保持至今。

大学的时候组织社团，搞动漫社，组织上千人的线下活动，最后也成为链接点，做到了学院社团联主席的位置。输出行为就是组织活动的准备清单、各种流程表与文档资料。我毕业 3 年后，学弟学妹们也还是拿我留下的那一套材料修改使用。这段履历又给了我组织活动和写作上的双向锻炼加持。

我大四那年疯狂地打游戏，此前锻炼的组织能力和写作能力，让我成为游戏里称霸服务器的公会会长、垄断物价的游戏商人、输出大量的内容给玩家们消费游戏论坛上的 KOL、拥有大量游戏资源的官方外包负责人，同时我还成为游戏媒体投稿人。这个行为是多链接点、多输出的行为。也正是因为游戏打得好，东西写得好，所以顺利地进入了游戏行业。

工作之后，我也是靠大量的输出行为倒逼输入，不断提升专业理解力，后面逐渐写书做分享，成为链接点，增加人脉和副业收入。

成为链接点意味着可以打通不同的群体，可以链接更多的资源，链接更多的人本身意味着各种机会。输出行为就是用文字、图片、视频等内容向世界展示你的理解，也是你在圈内圈外获得影响力的方法。长期积累下来，就可以积累足够多的信任，也意味着各种机会。

在当下这个自媒体时代，在这个注意力稀缺的年代，人们是通过标签来记住人的。爱好消遣如果可以具备成为链接点及喜欢输出的这两个习惯，你将会极大受益。好多人的副业都做成了主业，可以抵抗很多的不确定性。

爱好可以换成工作之外的任意行为，比如美食、收纳、摄影、健身等（见下表）。如果你这些东西都能玩得好，能够**成为链接点**，并能有**输出行为**，这些东西就会对你有巨大的加持。

| 爱好（例） | 链接点 | 内容输出方向 | 发布位置 |
|---|---|---|---|
| 美食 | 某领域的<br>**社区管理员**<br>**活动组织者**<br>**内容生产者**<br>**意见领袖** | 烹饪技巧，探店评测，美食文化 | **流量曝光地**<br>朋友圈、视频号、B站、抖音、小红书、知乎、豆瓣、私域社群、知识星球、喜马拉雅、知识课程平台等 |
| 收纳 | | 收纳技巧，赚钱故事 | |
| 摄影 | | 摄影技巧分享+作品展示 | |
| 健身 | | 营养学，健康理解，锻炼记录 | |
| …… | | …… | |

当然了，爱好就是爱好。之所以提上面的原因，是为了使我自己的选择更加“功利”。一个爱好在愉悦自己的前提下，能加持健康、社交，能提升认知，能做链接，能赚钱就更圆满了。

所以在这里，我能够想象到最美好的事是和家人（父母+伴侣+子女）一起，使用一份时间去干多重（消遣+增进感情+健康锻炼+加深社交+共同学习+赚钱）加持的事情，正向的收益越多，其时间使用效率越高。

最后，爱好消遣最主要的作用就是愉悦自己，起到调节和放松的作用即可，请尽管放过自己。

## 如果非要对重要事排优先级

基本盘里编号为 10～15（见下页表）的那些事，每个部分有挺多的遗憾，比如在父母那一块，我在公众号上的内容是我呈现在本书内容的 10 倍。比如伴侣，我相亲半年踩过的坑，识别人、判断人的复盘，都是精彩的故事。然而做内容从来都是遗憾的艺术，之所以给大家留下这些，是因为我们要鼓励防微杜渐，而并非遇见问题才高效处理，干亡羊补牢的事。

编号 1～7 的部分也非常重要，这些内容构成职场人的核心竞争力，能够帮助你拥有比较体面的生活，很多事都可以用钱来提升容错率。而我在基本盘里留下的内容，是关于我接触的很多经济极优渥乃至财富自由的人的事情，他们也会在健康、父母、伴侣、小孩这些问题上跳进坑里，然后掏出金钱、付出时间、承担负面情绪。

而像我这样出身贫苦的人，往往比出身富裕家庭的人更缺失容错率，成长环境也没有优质的教育资源，起点往往也比较低，想要跃迁阶层更要小心翼翼。

如果一定要排列优先级，那么编号 9 学习输入和编号 10 身心健康并列第一。

编号 9 学习输入会影响其他编号的事**做得快不快、好不好**。

编号 10 身心健康会影响其他编号的事**有没有足够多的精力去完成**。

对人生而言，开始拼体力，后面拼智力，你的阶层会不断提升，大家都是聪明人，最后还是回归到拼体力。

**可支配-时间**

改变命运的资源

| 大类 | 编号 | 子类 | 行为目标 |
|---|---|---|---|
| 职场社交 | 1 | 向上沟通 | 争取信任度、期望值、团队发展 |
| 职场社交 | 2 | 平行沟通 | 跨部门社交，争取合作机会 |
| 职场社交 | 3 | 向下沟通 | 管好团队的选、用、育、留、送 |
| 团队建设 | 4 | 业务拓展 | 扩展自己部门的业务边界 |
| 团队建设 | 5 | 效能优化 | 提升业务的安全、质量、效率 |
| 团队建设 | 6 | 团队成长 | 提升团队成员的专业能力 |
| 团队建设 | 7 | 文化建设 | 团队身心健康、组织具有向心力 |
| 自我成长 | 8 | 业务输出 | 产出有价值的结果 |
| 自我成长 | 9 | 学习输入 | 实现自我成长 |
| 基本盘 | 10 | 身心健康 | 自己的睡眠&饮食&锻炼&情绪 |
| 基本盘 | 11 | 父母 | 父母的身体健康&心情愉悦 |
| 基本盘 | 12 | 伴侣 | 伴侣的健康、事业，两性关系 |
| 基本盘 | 13 | 小孩 | 孩子的发育、成长，亲子关系 |
| 基本盘 | 14 | 亲友邻 | 社会关系的编织与经营 |
| 基本盘 | 15 | 爱好消遣 | 照顾好自己，使自己心情愉悦 |

9 学习输入 → **能力修炼**：其他的事做得快不快&好不好

10 身心健康 → **精力修炼**：有无足够精力去完成其他事

学习输入与身心健康这 2 件事，始终要保持稳定的时间投入，这样时间才会给你回报。如果我有 10 个单位的可支配时间，那么我会把 50%的精力放到编号 9 和编号 10 上，直至我离开这个世界。所谓“问渠哪得清如许，为有源头活水来”。

余下 50%的可支配时间，随着年龄的增长，会有所倾向。

年轻时多奋斗、多成长，多琢磨编号 1～8，把基本功尽量打扎实。

随着年龄变大，责任变多，可以多关注编号 11～14。照顾好你爱的和爱你的人。

其中编号 1～9 的很多知识点，在我的《游戏运营：高手进阶之路》一书中的 6、7、8 章有部分呈现，在写这本书之前，我还特意精读了一遍，相当多内容的知识半衰期比较慢，再过 10 年也不会过期。

内容创作就是遗憾的艺术，写书就跟拍电影一样，无论是我的前一本书，还是这一本书，总有需要舍弃的部分。想要与我有更多的交流，可以关注我的公众号、视频号（等我被大厂“毕业”了，未来会开启的）等。

本章的诸多内容都来源于我自己的人生阅历，期待着你的阅读和学习，也期待着与你的交流。

## 学习能力是最核心的竞争力

以下内容其实是写书的遗憾，我有很多想写但是没写、写出来会引起争议、解释成本又非常高的内容。

我的“想写但是没写”（见下页表）的部分可以帮助你进行更深层次的思考。

“推荐的内容关键词”（见下页表），可以帮助你快速找到优质内容，提升这个领域的认知水平。

下面引用我的《游戏运营：高手进阶之路》一书中的第 8 章的部分内容（见 158 页图），诚挚向你推荐！

| 方向 | 本书写过的 | 想写但是没写 | 推荐的内容关键词 |
|---|---|---|---|
| 身心健康 | 睡眠+饮食+运动+情绪，四大模块互相影响 | 1.饮食如何“既要、又要、还要”<br>2.谨慎使用自制力这种消耗品<br>3.达芬奇睡眠法&清明梦 | 《睡眠革命》<br>《掌控：开启不应疲惫、不焦虑的人生》<br>《盐糖脂：食品巨头是如何操纵我们的》<br>《冰岛凭什么成为全世界最健康的国家》 |
| 父母 | 会玩手机不被骗，纠正错误的饮食习惯，提供生活的价值感 | 1.如何让老年人掌握智能手机<br>2.丰富老年人的精神文明建设<br>3.为父母构建优质的信息茧房 | 《长寿村解密》，得到课程《怎样健康活过100岁》 |
| 伴侣 | 为什么恋爱和结婚不一样？如何用科学思维寻找伴侣？经营经济基础和精神交流 | 1.如何提升自己的吸引力<br>2.从细节上判断一个人的品性<br>3.一份不断迭代的择偶清单 | 电视剧《我的前半生》，记得刷豆瓣，电视剧《欢乐颂》，记得刷豆瓣 |
| 子女 | 孩子为啥沉迷游戏？如何使孩子爱上/讨厌某种东西？要投入陪伴，要以身作则 | 1.如何更有效的“鸡”娃<br>2.如何应对小孩的叛逆期<br>3.成绩不好就没有出路了么<br>4.也许你真的理解错了富养 | 《小狗钱钱》《穷爸爸富爸爸》<br>《亲密关系》《正面管教》《自卑与超越》<br>《见识》《态度》《格局》，<br>得到课程《Dr魏的家庭教育宝典》 |
| 亲友邻 | 不刻意社交，提升自己的竞争力，利他原则 | 1.如何经营自己的弱关系<br>2.优质的人脉表如何构建<br>3.如何提升自己的被帮助率 | 《掌控关系》《不完美关系》《凡人动了心》<br>《原则》，得到课程《关系攻略》 |

时间才是学习者付出的最大成本：

**（挑选甄别的时间）+（阅读的时间）+（理解消化的时间）+（记忆衰减复习的时间）=（学习一个东西需要投入的时间）**

提升学习质量的方法论是：

（1）看书学习（接受理解知识）。

（2）拆书做笔记，手写一遍（加深理解和输出）。

（3）看书评，看知乎，看豆瓣（看其他人的理解）。

（4）尝试把自己的理解讲给别人听（看其他人的反馈）。

学习能力是最大的个人竞争力，能够保证我们不断地优化自己的知识结构，让我们做得比身边的人更快、更好，这样才能不断脱颖而出，才会有机会进入更好的修炼环境，与名师高手过招。如此，自己的人生下限也是芸芸众生望尘莫及的了。

# 第4章

## 生活黑客的时间管理

第 1 章介绍了职场新人是如何升职加薪的，以及投资时间账户的概念。

第 2 章介绍了如何挤出足够多的可支配时间，以及人生中有哪些重要事。

第 3 章介绍了如何把控好人生中的那些重要事，降低可能遇见的风险意外。

本章将介绍我自己的一些时间管理习惯，这些习惯可以成就自己。

这些习惯的养成，造就了今天的我。

## 靠什么管理好自己的日程

世界上有很多时间管理工具，比如番茄工作法、时间清单、印象笔记等，去知乎上搜一下，就可以获得一大堆的 APP 推荐，每个我都进去体验了一下，也许是习惯问题，也许是功能问题，始终无法如意。下面我分享一下自己这些年来管理日程的经验。

### 这种日程安排基本没用

下页这张表是我从朋友那获取的，我问他按这个日程执行坚持了有多久，他说不到两星期就放弃了。

我自己也曾用这种方式管理自己，用这种从学生时代就留下来的方式去管理自己成年后的日程，无法坚持是必然的结果。

学生时代的时间相对固定，受外部因素干扰相对小，毕竟自己一天的时间被学校安排了。而进入成人社会后，除非你是监狱里的犯人，或者是那种到点就下班的流水线工人，否则，一个有创造力的人，用这种表格管理是断然不行的。

| 时间/项目 | 星期一 | 星期二 | 星期三 | 星期四 | 星期五 | 星期六 | 星期天 |
|---|---|---|---|---|---|---|---|
| 7:30~8:00 | 送娃上学 | 送娃上学 | 送娃上学 | 送娃上学 | 送娃上学 | | 上午都睡觉 |
| 8:00~9:30 | 校稿 | 校稿 | 校稿 | 校稿 | 校稿 | | |
| 9:30~10:30 | 运营杂事 | 运营杂事 | 运营杂事 | 运营杂事 | 运营杂事 | 陪娃上课 | |
| 10:30~12:00 | 产品任务 | 产品任务 | 产品任务 | 产品任务 | 产品任务 | 陪娃上课 | |
| 12:00~12:30 | 午饭 | 午饭 | 午饭 | 午饭 | 午饭 | 吃饭 | |
| 12:30~13:30 | 校稿 | 校稿 | 校稿 | 校稿 | 校稿 | 陪娃出去玩 | |
| 13:30~13:45 | 眼睛休息 | 眼睛休息 | 眼睛休息 | 眼睛休息 | 眼睛休息 | | |
| 13:45~15:45 | 关键任务 | 关键任务 | 关键任务 | 关键任务 | 关键任务 | 在家娱乐 | |
| 15:45~16:30 | 会议或休息 | 会议或休息 | 会议或休息 | 会议或休息 | 会议或休息 | | 陪娃上课 |
| 16:30~18:00 | 关键任务 | 关键任务 | 关键任务 | 关键任务 | 关键任务 | | 陪娃上课 |
| 18:00~19:00 | 游戏 | 接娃、核酸检测 | 游戏 | 接娃、核酸检测 | 接娃、核酸检测 | | 吃饭 |
| 19:00~21:00 | 课题研究 | 训娃 | 课题研究 | 训娃 | 训娃 | | 玩手机 |
| 21:00~22:00 | 下班、核酸检测 | 洗娃 | 下班、核酸检测 | 洗娃 | 洗娃 | | |
| 22:00~23:00 | 健身房 | 健身房 | 健身房 | 健身房 | 健身房 | | |
| 23:00~24:00 | 洗漱 | 洗漱 | 洗漱 | 洗漱 | 洗漱 | | 睡觉 |
| 24:00~01:00 | 睡觉 | 游戏 | 睡觉 | 游戏 | 游戏 | | |
| 01:00 | | 睡觉 | | 睡觉 | 游戏 | | |

我们来仔细分析上面这张表，朋友安排了自己的日程，而且塞得满满当当，他将工作外的可支配时间安排给了亲子、锻炼身体和强制休息，这些内容是可以固化的，一旦锁定就不用再改了。而剩余的内容缺少管理意识。

之所以无法执行是因为一开始他就**为自己规划了一个不断受挫的计划**，这类日程安排无法对抗意外，需要各个时间点都踩准节奏。如果出现中断，比如自己延误或遇到突发事件，则剩余的日程安排基本就会失效。接下来，你是调整日程还是不调整日程呢？如果不调整，那么安排还有无意义？渐渐地，既定的日程被打破的次数越来越多，也就意味着他越来越不拿这个表当回事，最后他就不再执行日程了。

职场人，特别是那种从事需要具备创造力工作的职场人，应该通过任务流去管理自己的日程。

人随着身份和年龄的变化，每天都会接到很多新任务，有些来自职场（工作上的那些事），有些来自生活（健康、感情、理财、社交等）。下页的表是我早年用的管理方式，如今已被我淘汰了。

轻重缓急，全由自己根据接收的信息做判断。哪些事情应该做，就将这些事情填充到自己的日程里，比如今天要解决的 3 个问题。哪些事情已完成，就将其划掉。如果衍生出新任务，则重新进入待办区，如此循环。

这种方式相对高级一点，但是总觉得缺少很多信息，无法让自己持续地成长。

< 2013年04月01日 >
+新建日程
月
周
日
周日
周一
周二
周三
周四
周五
周六
事件1
事件2
事件1
事件2
事件3
事件4
事件5
事件1
事件2
事件3
事件4
事件5
事件1
事件2
事件3
事件3
事件4
事件1
事件2
事件3
事件1
事件2
事件3
事件4
事件5
事件6
事件1
事件2
待办-职场
职场事件1
职场事件2
职场事件3
职场事件4
职场事件5
职场事件6
职场事件7
职场事件8
……
工作上的那些事
待办-生活
生活事件1
生活事件2
生活事件3
生活事件4
生活事件5
生活事件6
生活事件7
生活事件8
……
健康/感情/理财/社交

## 记日记，做复盘，列任务

下面这张表展示了我最近 3 年是如何管理自己的日程的，这张表的框架结构，我前后修改了超过 10 次。我把它记录在腾讯文档或飞书文档上，永远不会丢失。

| | | 流水日记区 | | 思考复盘区 | | 待办任务区 | | | |
|---|---|---|---|---|---|---|---|---|---|
| 日期 | 时间段 | 流水事件关键词 | 过程、感受、反思 | 二次复盘反思 | 三次复盘反思 | DDL | 相关人 | 核心诉求 | 待办任务 |
| 年月日 | 7:00~8:00 | | | | | | | | |
| 星期x | 8:00~10:00 | | | | | | | | |
| | 10:00~12:00 | | | | | | | | |
| | 12:00~2:00 | | | | | | | | |
| | 2:00~4:00 | | | | | | | | |
| | 4:00~6:00 | | | | | | | | |
| | 6:00~8:00 | | | | | | | | |
| | 8:00~10:00 | | | | | | | | |
| | 10:00~12:00 | | | | | | | | |

时间段有两种颜色：白色和绿色。其中白色的时间段用来跟同事们一起协作，不是自己主动找别人，就是别人找我，或者大家一起开会，自己也无法专注做一件事。而且你在公司的职务级别越高，负责的范围越多，这些时间被填得就越多。绿色的时间段，理论上不会有人找我，可以自由安排。

**流水日记区记录自己在各个时间段经历了哪些事。**

流水事件关键词：记录各时间段发生的事，尽量精练，不超过 15 个字。

过程、感受、反思：记录各时间段的想法和感受，也可作为流水事件的补充。

**思考复盘区，在经历这些事后，自己的思考和想法。**

二次复盘反思：往往是我今天受了某件事情的触动，是今天值得反复思考的部分。

三次复盘反思：往往是二次复盘反思的延伸思考，亦或者是对这段时间的反思。

**待办任务区，思考自己有哪些事值得做。**

DDL：DDL（Deadline）是几时交付。

相关人：可以是自己，也可以是其他人。

核心诉求：相关人想要什么结果。

待办任务：服务于核心诉求的行动关键词。

## 如何填写并记录 3 个区域

时间颗粒度可以按照自己的习惯来定，运营成本完全是按自己的方式进行管控的。

建议新同学以 2 小时作为颗粒度进行记录。你的记录成本比较低，容易坚持下去。只要形成习惯，就能坚持下去。我现在的时间颗粒度是 1 小时。曾经记录过 0.5 小时的日程，后来考虑到记录成本，又改回 1 小时。故而下面的范例，有些地方是 1 小时，有些地方是 2 小时。按照自己习惯的颗粒度来处理即可。如下表所示，这是我从自己的日记中摘录的。

| | | 流水日记区 | | 思考复盘区 | | 待办事项区 | | | |
|---|---|---|---|---|---|---|---|---|---|
| 日期 | 时段 | 流水时间关键词 | 过程、感受、反思 | 二次复盘反思 | 三次复盘反思 | DDL | 相关人 | 核心诉求 | 待办任务 |
| 20230116 | 7:00～8:00 | 洗漱+通勤+早餐 | 《生活黑客》有点意思 | | | | | | |
| | 8:00～10:00 | 书稿第4章 | 创作有点枯竭 | | | | | | |
| | 10:00～11:00 | 例行会议+事件A | 张三为什么总问这个问题 | 安全类问题+效率类问题 | 上工治未病 | 今天内 | 张三 | 工作台优化 | XX业务方案 |
| | 11:00～12:00 | 事件B+吴刚泽民开会 | 李四的事拖得有点久 | 往往量化成本高得不到重视 | 有些亏不要再吃 | 本周内 | 李四 | 描述 | 描述 |
| | 12:00～14:00 | 午休+吃饭 | 睡觉前不要玩手机 | 只有出事后大家才会去改 | | | 王五 | 描述 | 描述 |
| | 14:00～15:00 | 和XX的会议 | | | | | | | |
| | 15:00～16:00 | 审核王五的提案 | 感觉资料有点缺失 | 是判断题做错了，决策做错了 | 营销费是研发费的10倍 | | | | |
| | 16:00～17:00 | 修改提案 | 有点心流状态 | 还是应用题做错了，执行做错了 | 这种状态健康吗 | | 钱六 | 描述 | 描述 |
| | 17:00～18:00 | 临时被抓开XX策划会 | 最近士气有点低落 | | | 明天 | 董英 | 书稿进度 | 版号必备资料 |
| | 18:00～19:00 | 刷新闻+错峰吃饭 | 大家都在聊《狂飙》 | 每次都只问什么时候完结 | 继续投入还对吗 | | | | |
| | 19:00～20:00 | 和老王一起打球 | 最近体力好弱 | 我们在中间付出的从来不问 | | 本周内 | 自己 | 描述 | XX运营计划 |
| | 20:00～21:00 | 打球=回家路上 | 和A聊了事 | 多数人并不知道状态难度可比性 | | 本周内 | 孙XX | 描述 | XX运营计划 |
| | 21:00～22:00 | 《生活黑客》豆瓣 | LBJ38000分了 | | | | 王XX | 培训规划 | 提供列表 |
| | 22:00～23:00 | 运动+听书 | | | 每份工作都有2份收入 | | | | |
| | 23:00～24:00 | 烫脚+聊天 | 医院的事堪比《甄嬛传》 | | 显性是工资，隐性是成长 | | 妈妈 | 健康 | 保险和体检 |

每天早上，从前几天的待办事项区里找出那些要做的事并填写进今天的流水事件关键词里，从而把某些时间段给占住，专门用来处理一些事。待办事项区提供了足够多的信息来帮助你做决策。

午饭前后记录上午发生的事，晚饭前后记录下午发生的事，睡觉前记录剩余的事。如果睡前忘记记录，则次日早上补充。这个习惯养成后，基本就忘不了。即每次来到工位前打开电脑，就通过这个表来指导自己的行为。单次记录的时间消耗不会超过 10 分钟，养成了习惯就跟刷牙一样成为日常行为。

流水日记把每天发生的值得记录的事抓出来，这件事值得不值得做要自己考量，纯粹记流水账也没问题，慢慢写你就能找到感觉。例如，上午 7:00～8:00，我在通勤时间段听了 1 本书，我把那本书的名字填写到右边的格子里。于是在晚上的 21:00～22:00，我就拿 1 小时试读了这本书，以及阅读豆瓣评价。

在上午的 10:00～12:00 之间发生的一些流水事件，有些是提前安排好的，有些是临时的。顺便在右边写下当时的心情和感受。同时因为这些心情和感受，我主动在待办事项区里为 2 个相关人添加了 2 个待办任务。

思考复盘区往往都是在对应时间段内发生了一些事情，或者看了什么文章，或者跟同事聊到什么话题，有所感触所以记录下来。

待办事项区往往由左边区域的内容生成，如果觉得有些事需要做，就可以记录下来。

## 流水日记区：收集与整理

我自己是作为后续的回忆录去看的。我每次在翻阅 3 个月之前的记录时，往往大致能够知道当时发生了什么事，颇有一种看回忆的感觉。哦，原来当时发生了那件事，原来我当时是那么想的。

我们每天都在遇见人，经历流水事件，会留下很多的记忆。记忆有 4 种类型：形象记忆、抽象记忆、情绪记忆和动作记忆。这些记忆会被我沉淀到过程、感受、反思里。

我会记录对方当初的状态、对方说的话、我的感受等。而当我下次想要主动去联系对方的时候，我就可以这样讲：“上次我在哪里参加了一个活动，你当时如何如何，我对你的一句话印象比较深刻，这对我产生了什么影响……”，用这种方式进行开场，是非常能够打动对方的。

从对方的视角来看，当我把这些记忆碎片提起来，有一种故友的感觉，这也证明我用了心，证明我是一个值得被帮助的人。这种事往往在对方眼里真的很打动人，让我额外获得很多帮助。

同时，我可以通过流水日记观察到自己在那段时间里的可支配时间被分配在哪些事情上。哪些事情是主动做的，哪些事情是在问题发生后，被动拿出可支配时间去容错的。比如，我主动选择跟某个大佬建立连接，属于我的主动社交行为。而家人生病，我不得不去照顾，就是被动行为。当这种被动行为出现之后，自己的待办事项区里就可以出现一些任务，比如给家人安排定期体检、买保险等。

### 进阶用法 1：打标签

想要清楚自己的可支配时间用来做什么，可以为这段时间打一个标签，如下表所示。标签可以根据自己的需要制定分级关系，比如在前文提到的职场社交、团队建设、个人成长、基本盘属于一级标签，各自的子项属于二级标签。

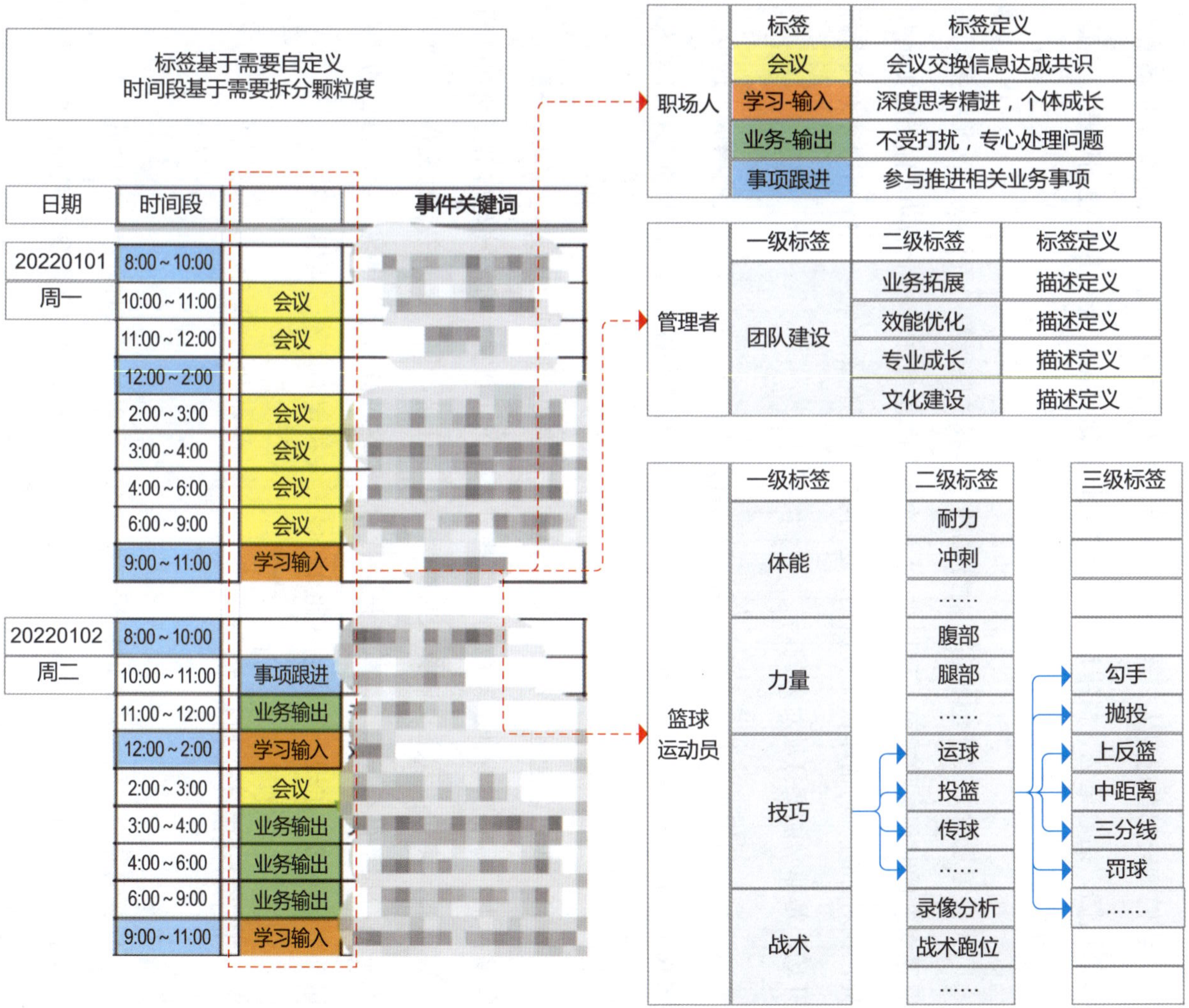
标签基于需要自定义
时间段基于需要拆分颗粒度
日期
时间段
事件关键词
20220101
周一
8:00 ~ 10:00
10:00 ~ 11:00
会议
11:00 ~ 12:00
会议
12:00 ~ 2:00
2:00 ~ 3:00
会议
3:00 ~ 4:00
会议
4:00 ~ 6:00
会议
6:00 ~ 9:00
会议
9:00 ~ 11:00
学习输入
20220102
周二
8:00 ~ 10:00
10:00 ~ 11:00
事项跟进
11:00 ~ 12:00
业务输出
12:00 ~ 2:00
学习输入
2:00 ~ 3:00
会议
3:00 ~ 4:00
业务输出
4:00 ~ 6:00
业务输出
6:00 ~ 9:00
业务输出
9:00 ~ 11:00
学习输入
职场人
标签
标签定义
会议
会议交换信息达成共识
学习-输入
深度思考精进，个体成长
业务-输出
不受打扰，专心处理问题
事项跟进
参与推进相关业务事项
管理者
一级标签
二级标签
标签定义
团队建设
业务拓展
描述定义
效能优化
描述定义
专业成长
描述定义
文化建设
描述定义
篮球
运动员
一级标签
二级标签
三级标签
体能
耐力
冲刺
……
力量
腹部
腿部
……
技巧
运球
投篮
传球
……
战术
录像分析
战术跑位
……
勾手
抛投
上反篮
中距离
三分线
罚球
……

此处的标签都是自定义的，如果你对自己的时间管理更细致、更苛刻，希望把自己的某项能力拆分得足够细，也可以设置更多层级的标签。比如，很多顶级的职业运动员用更高要求把自己的每种运动能力、每一块肌肉、每一个技术特点打磨到极致，就是靠着日复一日的高度自律。比如，篮球领域里没有任何技术死角的科比。唯有如此，才能从平凡到优秀，从卓越到伟大。

刻意练习是需要时间的持续投入的，这种记录方式可以帮助你检视自己对专业的投入度。

这样做的好处是，你可以清楚自己的时间都被分配给什么事情了。比如，发现自己某一类事情做得太多或者太少，可以据此进行时间上的调整。比如，我觉得会议多就意识到要减少参与了，应该留出更多的时间做一些有产出的事。

### 进阶用法 2：扩列记录

如果你对某些事特别执着，可以把流水日记拓展更多的列，比如单独记录自己每天的金钱支出、饮食摄入情况、实际睡眠时长与运动时长、要收录的金句，以及每周或每天主动联系到的有价值的人，等等（见下页图）。如果一些特定的事件能够固化，就值得扩列记录。

要相信时间的力量，只要一件事情持续做，长年累月地积累，就一定会有非凡的成就。

这样比较容易达成一些正向的目标，比如 1 个月联系 4 个细分领域的高手，并输出采访日志；每天强制储蓄，30 天收集 90 条金句，并用在文章里；连续达成 30 天的运动、写作输出、早起等。

| | 流水日记区 | | | 金钱流水 | | 健康流水 | | | 社交 | 攒金句 |
|---|---|---|---|---|---|---|---|---|---|---|
| 日期 | 时间段 | 标签 | 事件关键词 | 消费项目 | 金钱支出 | 饮食摄入 | 运动时长 | 睡眠时长 | 社交 | 金句收集 |
| 年月日 | 7:00~8:00 | | | 早餐 | $a$元 | 描述 | | | who<br>when<br>where<br>记录过程<br>未来链接方式<br>印象深刻点<br>当时的收获<br>事后的反思<br>后续待办事项<br>1.描述<br>2.描述<br>3.描述 | 赚钱是最优美的姿态<br>存钱是最顶级的自律 |
| 星期x | 8:00~10:00 | | | 打车 | $b$元 | | | | | |
| | 10:00~11:00 | | | | | | | | | |
| | 11:00~12:00 | | | | | | | | | |
| | 12:00~2:00 | | | 午餐 | $c$元 | 描述 | $a$小时 | $c$小时 | | 每份工作都有好几份收益。<br>1.工资收入<br>2.经验成长<br>3.他人的信任<br>4.潜在的合作机会 |
| | 2:00~3:00 | | | | | | | | | |
| | 3:00~4:00 | | | | | | | | | |
| | 4:00~6:00 | | | 下午茶 | $d$元 | 描述 | | | | |
| | 6:00~8:00 | | | 晚餐 | $e$元 | 描述 | | | | 干活不惜力<br>做事不惜工 |
| | 8:00~10:00 | | | | | | | | | |
| | 10:00~12:00 | | | 宵夜 | $f$元 | 描述 | $b$小时 | $c$小时 | | |

金钱支出 → 求和

扩列不要太多，以免负担

每日记录，相信习惯的力量

**不建议一次扩列太多**，因为记录成本太高，如果一件事无法完成，就会对自己的信心造成伤害，产生挫败感。

要相信习惯的力量。

## 思考复盘区：凡事三省吾身

二次复盘反思和三次复盘反思多是通过流水记录得来的，也许是跟人谈话，参与了某个会议，看了某文章，空闲的时候突然想起，有了灵感就立刻记录。我有一种每天几次反思自己的感觉。

我对这个区域的内容录入非常不固定，往往随着心情而定，我几乎在每天打开这个表的时候都会想要记录点什么。很多的时候，自己的情绪就倾泻在这里，好多曾经没想通的道理也是通过自己的思考复盘，悟得更通透。

每周的休息日我也会回看一下本周每天的流水日记，思考复盘。然后，我会在自己的二次复盘反思和三次复盘反思中添加上新的内容。

举例：周三上午我遇到一件事，当时心情极其不爽。周三晚上在二次复盘反思的时候写了点内容。然后周六复看周三的这件事，在三次复盘反思中写了点内容。同一件事情在不同的时间琢磨，其感受是完全不一样的，在无形中就会给自己带来收获。一个长时间思考的维度能够帮助自己更长远地看清事物的本质面貌，并使自己不会通过瞬时情绪去做判断。

关于思考的多视角，我能随意举出 3 个生活中的事件和 3 个职场中的事件。如下图所示，我提供了思考的 6 个维度，但是思考的方法不归属于时间管理层面，故而这里不展开介绍，后续有机会，我会以文章或者视频内容的方式进行呈现。

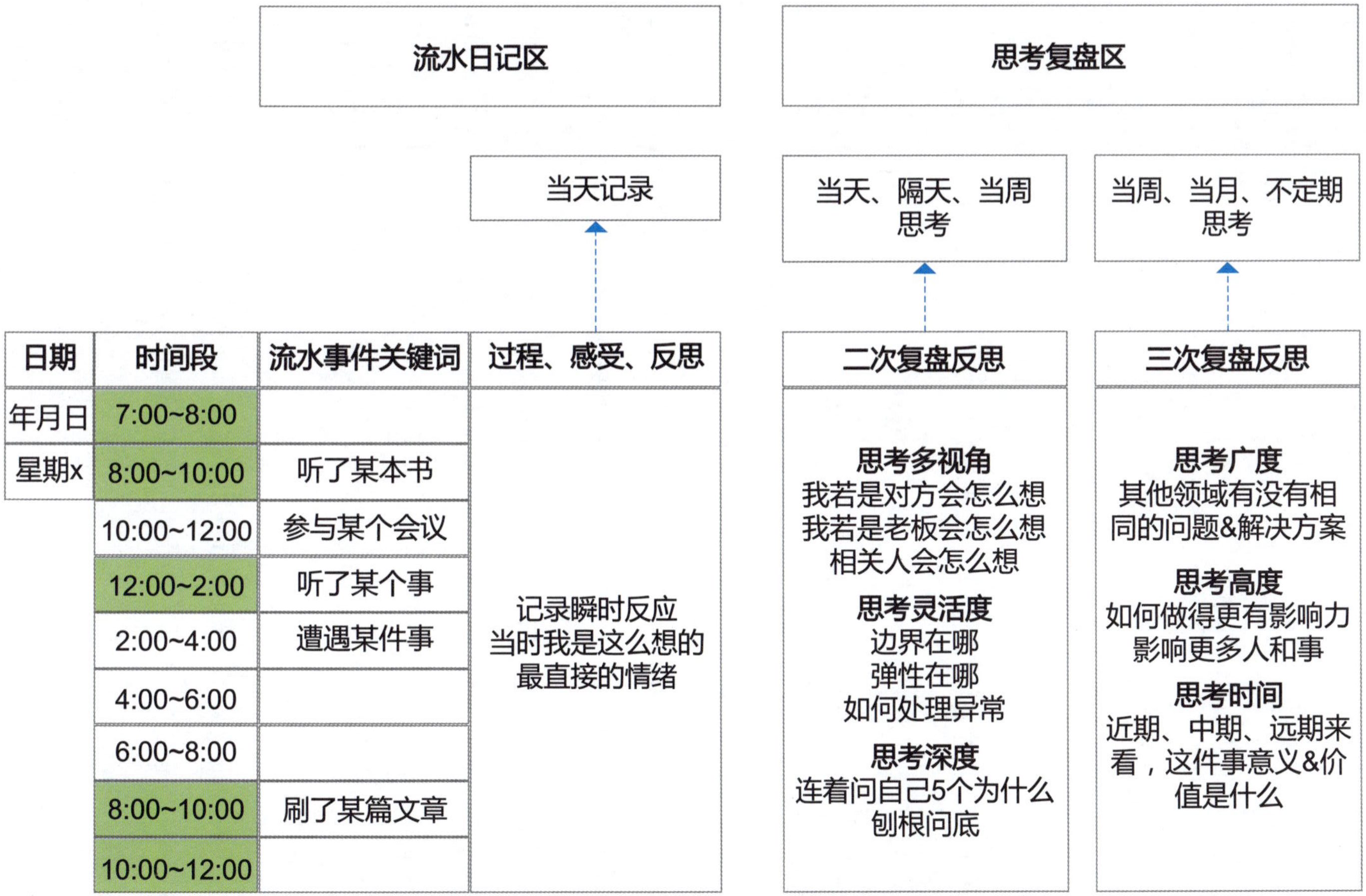
流水日记区
思考复盘区
当天记录
当天、隔天、当周思考
当周、当月、不定期思考
日期
时间段
流水事件关键词
过程、感受、反思
二次复盘反思
三次复盘反思
年月日
星期x
7:00~8:00
8:00~10:00
10:00~12:00
12:00~2:00
2:00~4:00
4:00~6:00
6:00~8:00
8:00~10:00
10:00~12:00
听了某本书
参与某个会议
听了某个事
遭遇某件事
刷了某篇文章
记录瞬时反应
当时我是这么想的
最直接的情绪
思考多视角
我若是对方会怎么想
我若是老板会怎么想
相关人会怎么想
思考灵活度
边界在哪
弹性在哪
如何处理异常
思考深度
连着问自己5个为什么
刨根问底
思考广度
其他领域有没有相
同的问题&解决方案
思考高度
如何做得更有影响力
影响更多人和事
思考时间
近期、中期、远期来
看，这件事意义&价
值是什么

只要你坚持记录和浅度思考，就会意识到自己在某些方面确实修炼不足，从而主动为自己的待办事项区添加一些事项，然后在未来的时间里从待办事项区挑选出一些待办事项，提前完成填充。

很多事情会像流水一样高频地出现在我们的生活之中，但是思考不是，大多数人都是懒于思考的，战术勤奋，战略懒惰。思考复盘区放在那里，如果空白就等于是在提醒我，你今天为啥不反思自己，于是会产生羞愧感，然后一定会写点什么。长期下来，又一个习惯养成了。

每个月回看自己日记中的二次复盘反思与三次复盘反思，往往会有很多收获，个中滋味，只有践行的人才有感知。下页图展示了邓宁克鲁格曲线，该曲线是一个好概念，可是很多人并不知道怎么做。

生活中有太多的“只给鸡汤不给勺子”的事情，我们每次看到这种事情的时候不禁感慨：这个道理、观点、心得、规律非常对！非常好！可是你告诉我应该怎么办？究竟如何我才能够不断攀爬上开悟之坡。

认识水平要怎么提高呢？就是靠不断地琢磨啊！怎么不断地琢磨呢？就是靠填满自己的思考复盘区啊！

思考复盘区就是那把勺子，就是帮助你攀登开悟之坡的梯子。

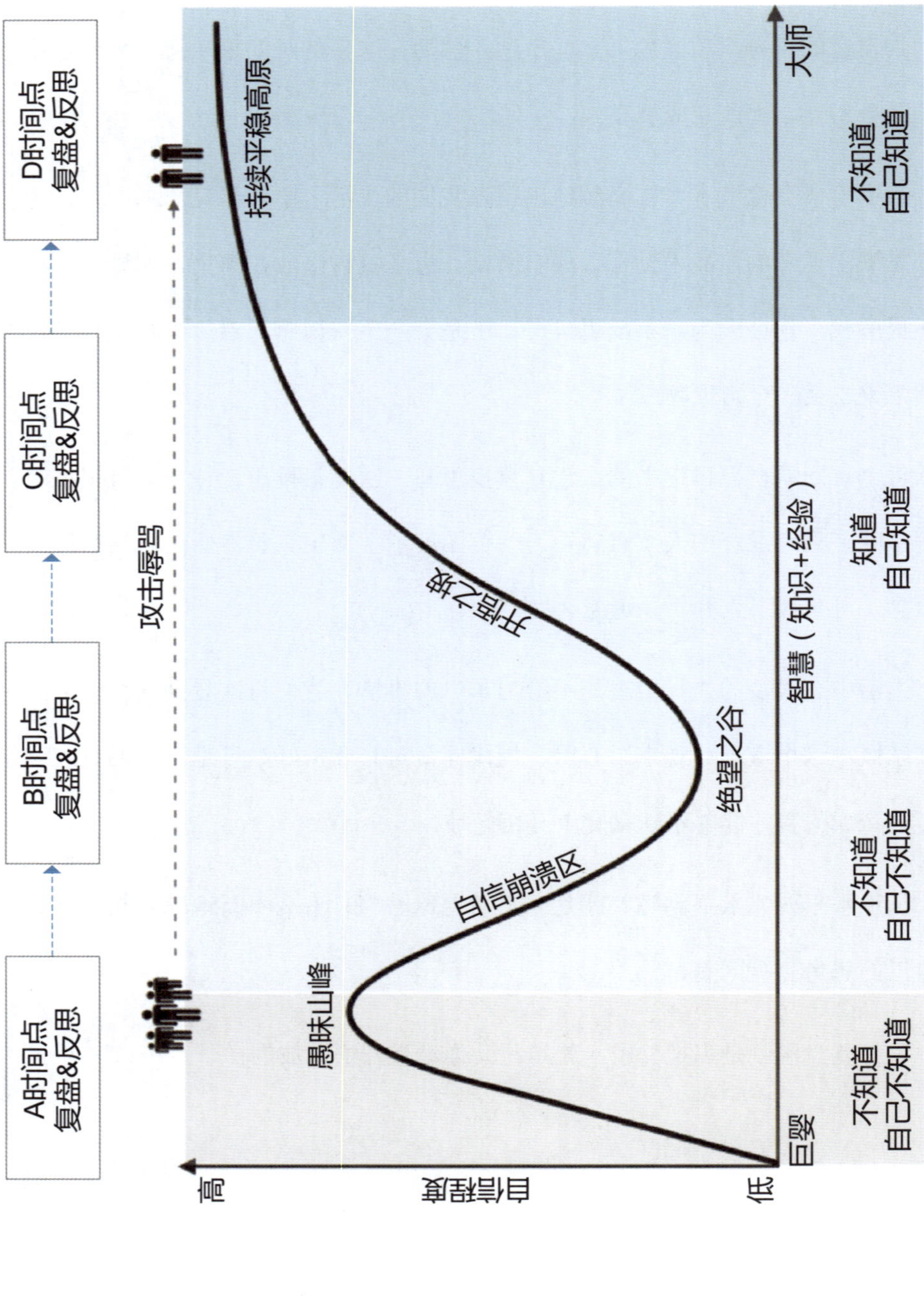
A时间点
复盘&反思
B时间点
复盘&反思
C时间点
复盘&反思
D时间点
复盘&反思
攻击辱骂
高
自信程度
低
愚昧山峰
自信崩溃区
绝望之谷
开悟之坡
持续平稳高原
巨婴
智慧（知识+经验）
大师
不知道
自己不知道
不知道
自己不知道
知道
自己知道
不知道
自己知道

## 待办事项区：省心&靠谱&有洞察

### 省心，用记录减轻记忆负担

我们或主动或被动地接受别人的信息，亦或者是突然意识到要去做点什么事了，这些信息都会被我们选择和决策，并形成自己的待办任务。人生和游戏一样，有各种各样的任务需要完成。

大脑和肌肉是一样的，也会有记忆负担，如果脑海中总装着很多事，压力也会无形变大，它不经意间会占用带宽，长期以来大脑就会变疲劳。自从养成记录习惯之后，我从来不会去思考是不是好像哪里还有某件事没做完，大脑是用来思考、判断、决策的，而并非用来记事的。这个区域能够有效解决自己的忘事问题，让自己省心。

长期往复，你记录的很多事情就会固化下来，这些固化的事情同样不会占据我们的时间。

比如，我每个月都会在 1 号、5 号、15 号、25 号、30 号完成早就规划好的某些事。比如，抢公司的福利，发了工资理财，还信用卡贷款，约见某个大佬，准备分享会，输出一篇文章，完成本月的直播等。颗粒度也可以细化到周级别，比如周一到周日的那些固定安排，会议材料准备，写给领导的周报，固定的社交、运动、娱乐时间投入，等等。这些东西，提前占据好对应的时间段即可。

从此，基本上不会错过什么，很多事都通过闹钟、日历提示、查看表格来自动化执行，自己的记忆负担会减少很多。

介绍一个进阶用法，除固化流程外，你还可以为自己设置一个“不做清单”，就是与 To do list（做事清单）相反的东西，从某些意义上讲，这也是一种省心的方式，他可以有效地帮助你达到省心的目的。

## 靠谱，努力做到凡事有交代

与省自己心相对应的，就是省别人的心。即，靠谱，这是一个很高的评价。

你有过这类经历吧？你拜托给对方一件事，对方忘了，你就会默默地给对方贴“不靠谱”的标签，标签贴多了，你下次还敢找他吗？反过来，如果我们成为被其他人拜托的对象，一旦我们把有些事忘记了，一样会被贴“不靠谱”的标签，这种不靠谱，别人是不会明着跟你说的，这是一种职场素养。

只在养成记录的好习惯，就能够让自己省心，以及提升自己的靠谱印象。这张表给了我足够的安全感。只要记录了，这件事就会出现在自己的待办事项区里。我几乎每天都会查看一下前一周期的待办事项。让自己做到**凡事有交代，件件有着落，事事有回音。**

**一定记住，这个区域除了记录，还有比较，不是所有的待办事项都要完成的。**

当记录得足够多，自然就有比较和判断，你就会审视自己的待办事项区，去做重要性的判断，然后把那些重要的事情，填充在自己未来的时间表里，提前帮助自己占住时间（一般我在周四就把周末两天的时间都安排好了），如此便形成了 3 个区域的联动。每天的经历经过思考生成任务，每天的任务又在未来为其安排时间（见下图）。如此循环往复。

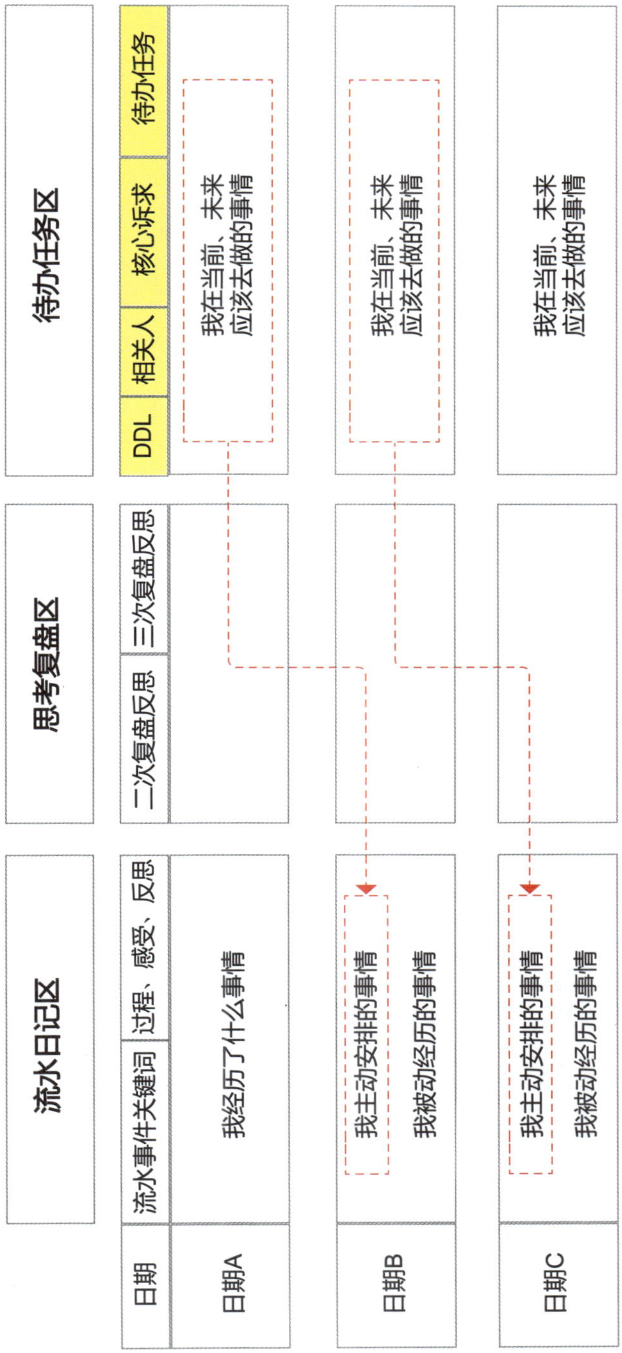
流水日记区
思考复盘区
待办任务区
日期
流水事件关键词
过程、感受、反思
二次复盘反思
三次复盘反思
DDL
相关人
核心诉求
待办任务
日期A
我经历了什么事情
我在当前、未来应该去做的事情
日期B
我主动安排的事情
我被动经历的事情
我在当前、未来应该去做的事情
日期C
我主动安排的事情
我被动经历的事情
我在当前、未来应该去做的事情

在安排具体的任务时，如果是流程性的事务（比如工作上的那些事，我早已做了无数回），则不需要动太多脑筋，你可以安排得紧密一些。这是一种高效的表现。

6 个被分开的 30 分钟，相比无人打扰的 3 小时，在数学上是一样的，但在使用者的体验上是完全不一样的概念。

每件任务都应该有自己的价值判断。如果我做创造性的事情，那么我需要整块时间，能让自己快速进入心流状态，进入沉浸感，尽可能多一些时间。

关于任务的安排，一定不要密密麻麻的，我在从待办任务区里面提炼代办项（见下页表），为未来安排的时候，总会考虑事务的强度和压力，并努力为自己留下余闲的时间。安排得太紧密，会给自己造成压力，余闲可以是用来容错的，也可以是用来提升创造力的。

**DDL**（Deadline，最终期限）记录的方式不限，该内容决定了这件事的紧急程度，重要的程度判断要靠自己，这无形中也能锻炼自己的决策水平。

人生中，事情是做不完的，钱是赚不完的，决策水平非常影响人生际遇。

## 有洞察，挖掘目标的需求本质

生活中当其他人找你协作的时候，很多的信息都是折叠的。

**核心诉求**（相关人想要什么）尝试着推演与洞察。

**待办任务** 答应某人要做的事，我主动想或要做的事。

一个人说，我要一杯水，你知道他是用来浇花还是擦桌子，还是解决口渴？如果是解决口渴，你是不是可以提供比水更好的解决方案？这就是待办任务和核心诉求之间的关系。往往对方说表面诉求（被我们记录成待办任务），而提及核心诉求的人真的是少之又少。所以我们**一定要养成推演（或者问，或者猜）出对方的核心诉求的习惯**，而这种判断和思考成为你的习惯，注定会让你受益匪浅。

**流水日记区**

| 日期 | 时间段 | 流水事件关键词 | 过程、感受、反思 |
|---|---|---|---|
| 年月日 | 7:00~8:00 | | |
| 星期x | 8:00~10:00 | 听了某本书 | |
| | 10:00~12:00 | 参与某个会议 | |
| | 12:00~2:00 | 听了某个事 | |
| | 2:00~4:00 | | |
| | 4:00~6:00 | | |
| | 6:00~8:00 | | |
| | 8:00~10:00 | 刷了某文章 | |
| | 10:00~12:00 | | |

**思考复盘区**

| 二次复盘反思 | 三次复盘反思 |
|---|---|
| **判断决策逻辑**<br>哪些事，提前做<br>哪些事，可放弃<br>哪些事，可拖延<br>哪些事，可外包 | |

**待办任务区**

| DDL | 相关人 | 核心诉求 | 待办任务 |
|---|---|---|---|
| 本周内 | 张三 | 描述 | 描述 |
| 0323 | 李四 | 描述 | 描述 |
| 当日 | 王五 | 描述 | 描述 |
| 下周 | 饭大 | 描述 | 描述 |
| 本周内 | 张三 | 描述 | 描述 |
| 0323 | 李四 | 描述 | 描述 |
| 当日 | 王五 | 描述 | 描述 |
| 下周 | 饭大 | 描述 | 描述 |
| 周五 | 饭大 | 描述 | 描述 |

| 日期 | 时间段 | 流水事件关键词 | 过程、感受、反思 |
|---|---|---|---|
| 年月日 | 7:00~8:00 | | |
| 星期x | 8:00~10:00 | 占住位置 | |
| | 10:00~12:00 | 占住位置 | |
| | 12:00~2:00 | 占住位置 | |
| | 2:00~4:00 | | |
| | 4:00~6:00 | | |
| | 6:00~8:00 | 占住位置 | |
| | 8:00~10:00 | 占住位置 | |
| | 10:00~12:00 | 占住位置 | |

| 二次复盘反思 | 三次复盘反思 |
|---|---|
| | |

| DDL | 相关人 | 核心诉求 | 待办任务 |
|---|---|---|---|
| | | | |
| | | | |
| | | | |
| | | | |
| | | | |
| | | | |
| | | | |
| | | | |
| | | | |

关于待办任务区，早年的表头有更多列，经过多次演化形成了当前的版本，如下页图所示。核心诉求促使我更深刻地洞察做每一件事的深层次意义。

一旦你提炼得足够准，你就会在后续协作时获得特别多的称赞。正面案例："我当初仅仅是找他要 A，结果他给我提供了超出期待的 A+B+C，真的是用心啊！"只要你洞察对方的需求足够准，这种案例在我们的生活中实在是不胜枚举。

当然也有乌龙的情况，比如没有摸清对方的意图，对方要水就是想擦桌子，你给对方冰红茶，对方就没法弄了。对方是在打篮球，你给对方准备热奶茶，显然是不如"冰阔落"合适。因此，**洞察精准非常重要**。

而我们仅仅是增加了一列核心诉求，便促使自己思考得更深刻了一点，正是这多思考的一点，经过长期积累后，好多的印象分就自然而然地提升了。

用文字表达一个工具如何使用是非常痛苦的（特别在多个区域联动的情况下），未来我会使用视频的方式去讲解自己的时间分配情况，也会以训练营的方式帮助大家完成个人提升。

希望读者看到这里，能够尝试为自己整体构建一张表。尝试填充一下，唯有身体力行，自己体会，才能感觉到工具的效率和优势。纸上得来终觉浅，觉知此事要躬行！

请相信习惯的力量！

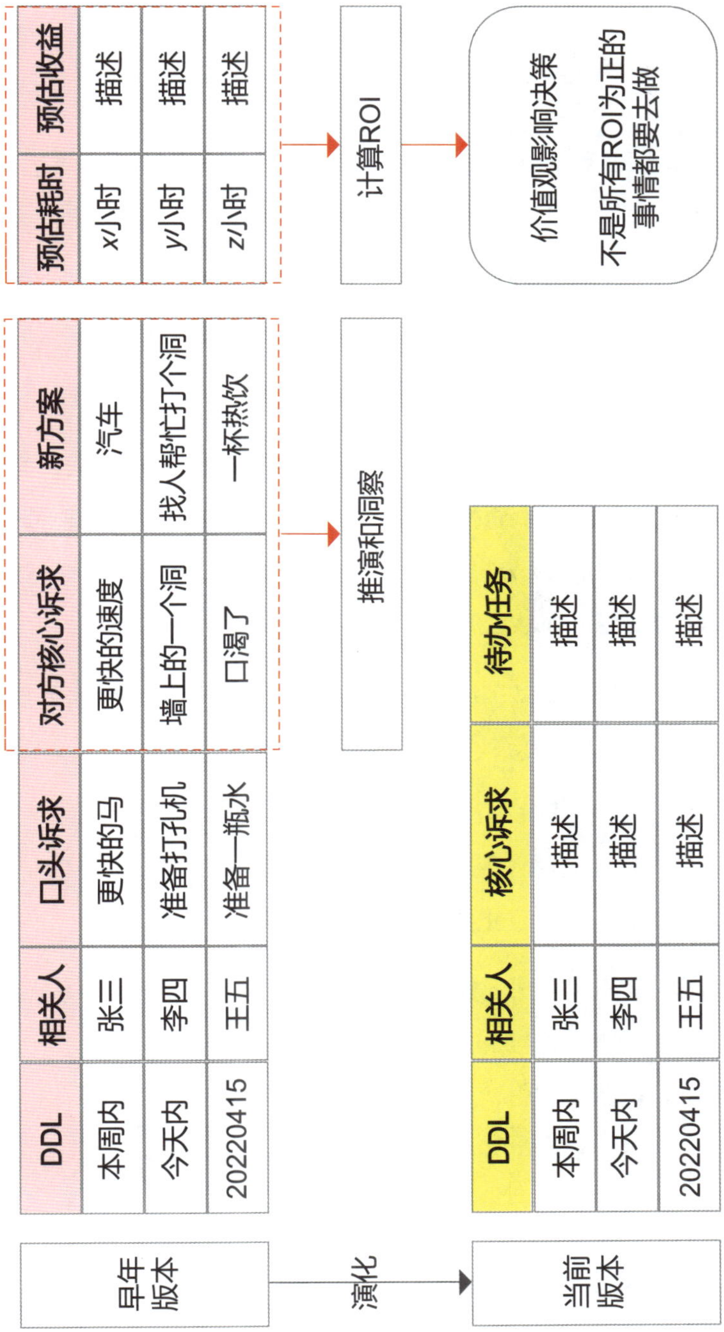
早年版本
DDL
本周内
今天内
20220415
相关人
张三
李四
王五
口头诉求
更快的马
准备打孔机
准备一瓶水
对方核心诉求
更快的速度
墙上的一个洞
口渴了
新方案
汽车
找人帮忙打个洞
一杯热饮
推演和洞察
预估耗时
x小时
y小时
z小时
预估收益
描述
描述
描述
计算ROI
价值观影响决策
不是所有ROI为正的事情都要去做
演化
当前版本
DDL
本周内
今天内
20220415
相关人
张三
李四
王五
核心诉求
描述
描述
描述
待办任务
描述
描述
描述

## 靠什么每天只需工作 3.5 小时

在我工作生涯的第 18～24 个月，有了自己所负责的领域，自己负责的项目。自己每天只需要花 3.5 小时就可以做完自己手头的事了，余下的大把时间任由自己分配。

### 聊聊《每周工作 4 小时》

推荐一本书名配不上内容的好书，蒂莫西·费里斯的《每周工作 4 小时》，我非常不喜欢这种类似“4 小时搞定托福雅思词汇”“4 小时攻克 GRE 考试”等像骗子一样的书名和课程，它极易误导人。可以说这个书名根本配不上书里的内容，我查询的时候豆瓣是 7.7 分，显然这属于非常值得一看的书。

想要达成某种“标题党”，往往需要很多依赖条件，这类标题从来都是用夸张的方式吸引注意力，从来不说在什么条件下才能够达成这种结果。

有一个美国程序员年薪百万元，他把自己的工作外包给中国程序员，每周工作半小时。在深圳有不少人雇人帮自己收房租，每个月只需要工作半小时。忽略客观条件而仅强调成就，这有啥可比的呢？

作者年纪轻轻就取得了非常多的成就，他从小到大拥有的教育资源不是普通人所拥有的，书里面的部分思维方式可能会让没有积累的年轻人走歪。讨论一本畅销书是需要勇气的，而我真的很认真地读过，才会有此感受。

我自己写书，断然不拾人牙慧，我认可这本书里 70%的内容，我也不做搬运和二次解读，讨论止于此。

从某种意义上说，资本是通过剥削我们的劳动剩余价值获得超额利润的。所以，当你具备了一些资本之后（比如赚到了人生中的第一个 100 万元），你也完全能把相当多的工作外包给其他人，一样可以做到每周工作 4 小时。问题是，你如何先赚到这 100 万元？当你一穷二白、身无长物的时候，前面的这些艰难的岁月怎么度过？

我只讲我自己的故事。我提供方法论解决的问题是：资质平平、家庭背景一穷二白、教育资源匮乏的年轻人，如何从开始的拼体力，转换到后面的拼智力，如何去跨越阶层？

## 拼体力如何转换到拼智力

前面提到的方法论可以很好地提升效率，这里分享“如何生产方法论”的方法论。

我的第一份职业就是流水线的客服，每天要接满 12 小时电话再下班，还担心自己无法转正。我通过一系列的操作让自己连续升职加薪。那一段时光，为了生存拼体力。

参加工作前，打游戏的时候，我就有写攻略秘籍的习惯，发布在论坛上被人喊“大神”，被杂志约稿。后面开始工作了，我遇见的每一个模块都存在被优化的空间，我就发明出能提升效能的工具和方法论。

玩游戏的攻略秘籍和工作后总结出来的方法技巧，其实可以画等号。从心境上讲，这叫作有一颗爱琢磨、爱折腾的心，不愿意去干重复的、机械的劳动。这是从拼体力到拼智力的必要充分条件。

从结果上来看，攻略秘籍方法论总是能帮助我把事情做得更快、更好。

即，“发明方法论”的方法论的产出路径如下图所示。

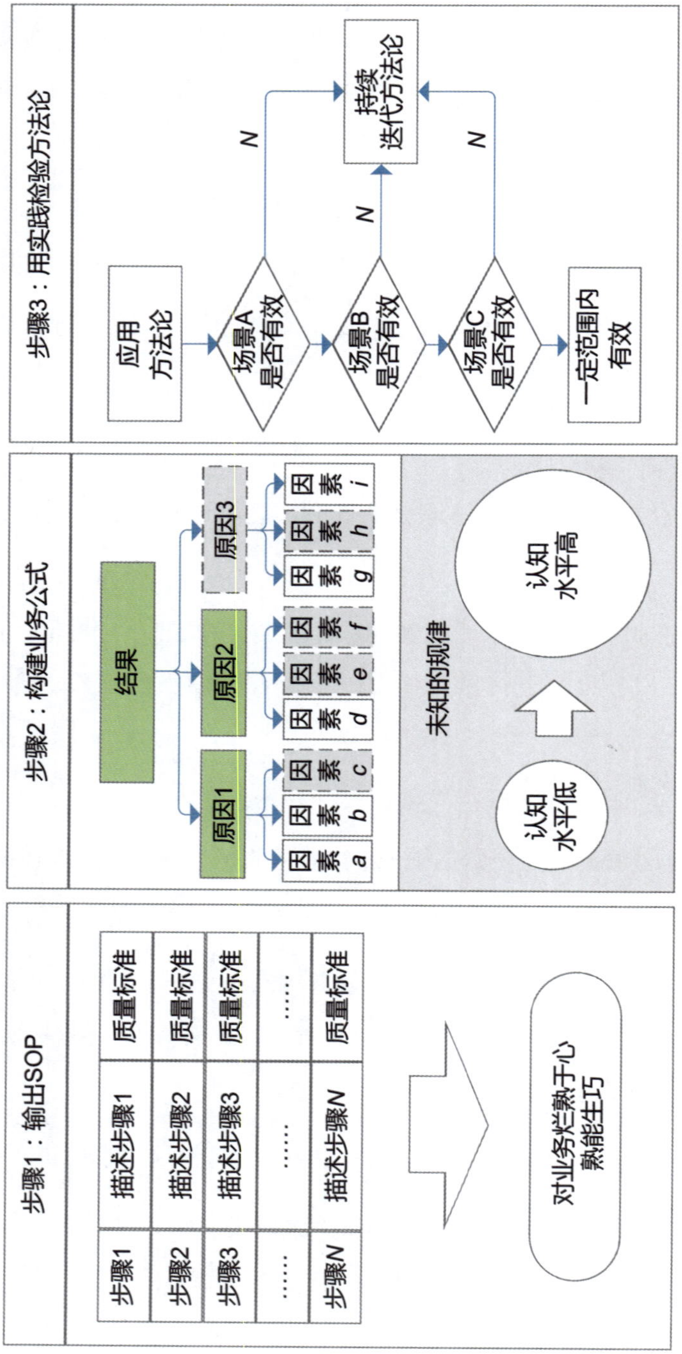
步骤1：输出SOP
步骤1
描述步骤1
质量标准
步骤2
描述步骤2
质量标准
步骤3
描述步骤3
质量标准
……
……
……
步骤N
描述步骤N
质量标准
对业务烂熟于心
熟能生巧
步骤2：构建业务公式
结果
原因1
原因2
原因3
因素a
因素b
因素c
因素d
因素e
因素f
因素g
因素h
因素i
未知的规律
认知水平低
认知水平高
步骤3：用实践检验方法论
应用方法论
场景A是否有效
场景B是否有效
场景C是否有效
一定范围内有效
持续迭代方法论
N
N
N

步骤 1，写 SOP（Standard Operating Procedure 标准化操作流程），类似于写工作手册，很多工作都是步骤 1、2、3。当这类规范写多了，自然会对业务烂熟于心，这也是熟能生巧的前提。

步骤 2，尝试构建业务公式，梳理其中的逻辑关系，找出哪些内容是常量，哪些是变量。也就是说，那些不变的东西是基础，余下的变量就是能够最终影响业务结果的部分。

步骤 3，通过高密度、高质量的业务实践及正负反馈来验证和修正自己的业务公式，以确定各个场景下的方法论的生效和失效情况，从而确定方法论的边界。

然而，一个人的实践能力的应用场景其实是有条件约束的，想要加速这个过程，可以通过大量的阅读从其他领域获取经验，也可以与同行交流，积攒更多的案例库，这样方法论会不断被升级，覆盖的范围会越来越宽广。不断的迭代，可将方法论上升到学科原理的层面。

如果我的读者曾经学会过什么技巧，哪怕是玩游戏发现什么秘籍，皆属于此，应该对我上面说的路径有所感受。

这 3 个步骤需要时间，短期内不会产出任何工作收益，这就是砍柴前的磨刀投入。而当你在工作结果的交付中，从效率上、质量上体现出与周围的人不一样的地方时，你自然会被领导发现，并被提拔、被索求、被委任于更重要的岗位。

这就是职业发展早期关键的部分。我第一次被提拔其实就是因为对业务烂熟于心，写出了工作手册，领导觉得我干活稳，哪怕是新人看着我的手册，也可以做得跟正式员工一样，那么我自然而然地就被提拔了。

于是我就不再干那些持续的、重复的、拼体力的活儿，转而都是由团队的新人去承担。

## 从自己做好到带团队做好

在我工作的第 12 个月，追溯前 6 个月的工作范围，所承担的工作内容是十分繁杂的，其范围就是游戏运营岗位的全量，中小公司不做分工，一个人覆盖多个领域，几乎是自己全负责了。在我刚刚上手的时候，专业水平是不到位的，边学边做，两三件事就足以填满一整天的时间。正是通过堆积足够多的时间在工作和学习上，我不断地发明出 SOP 流程与生产力工具，让旧事做得更快，所以老板不断地给我加码，虽然期间苦不堪言，但是跟锻炼肌肉一样，最终所负担的工作范围越来越大。

彼时公司的业务蒸蒸日上、高速发展，老板给我配实习生和正编同事，帮我分担更多的工作压力。**这就给了我们能把部分工作外包给他人的权力**；但带过新人的人都知道，自己做和别人做的感觉完全不一样。有多少次，我与其帮新人（庸人）收拾残局，还不如我自己做。然后初级管理者就会经历“自己累死累活，自己不会带队伍”的窘境。其实这种做法非常累，但是对我而言是挑战。授权不受责，闯祸要收尾。

做到什么水平，纯看自己的追求，底线追求是你不被公司开除，协作的同事觉得你不拖后腿，没有职业危机。往上追求是没有上限的，当你总能交付更好的结果、大多数人给你好评、各种表彰都有你、你被要求承担更多的责任、资源朝你倾斜时，自己的管理半径就会增加，可外包的能力也越来越强。

这个时候命题就从“如何自己交付好的结果”变成了“如何带着团队去交付结果”，并且你需要通过更多的可支配时间来强化下页表里编号为 1～7 的事件。

你在职场社交投入的时间越多，你获得的信任和机会就越多。

你在团队建设上投入的时间越多，你的团队运转就越好。

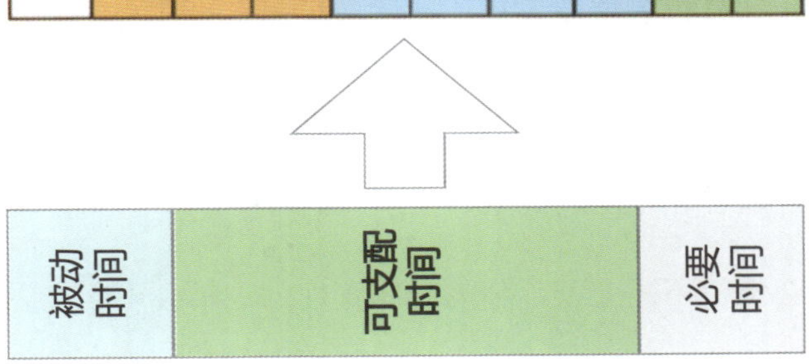


| 大类 | 编号 | 子类 | 行为目标 |
|---|---|---|---|
| 职场社交 | 1 | 向上沟通 | 争取信任度、期望值、团队发展 |
| 职场社交 | 2 | 平行沟通 | 跨部门社交，争取合作机会 |
| 职场社交 | 3 | 向下沟通 | 管好团队的选、用、育、留、送 |
| 团队建设 | 4 | 业务拓展 | 扩展自己部门的业务边界 |
| 团队建设 | 5 | 效能优化 | 提升业务安全、质量、效率 |
| 团队建设 | 6 | 团队成长 | 提升团队成员的专业能力 |
| 团队建设 | 7 | 文化建设 | 团队身心健康、组织向心力 |
| 自我成长 | 8 | 业务输出 | 产出有价值的结果 |
| 自我成长 | 9 | 学习输入 | 帮助自我成长的行为 |

我的职场生涯迄今已经 13 年了，前后经历 6 个公司（有 2 家是创业公司），其中有 2 次做到了每星期只需花费 2 小时做一点对上沟通汇报的例行工作，即使是我一两星期不出现在公司，我的团队也能够依照我制定好的流程规则和业务惯性去交付业务结果，这也意味着，就算我马上从公司消失，公司立刻裁掉我，我所管理的团队也依然可以完成结果交付，公司有没有我无所谓。

在我解决了团队效率和质量问题后，我便可以过着像甩手掌柜一样的生活，有相当多已经固化的流程类工作真的可以在功劳簿上躺几年。这种岗位在很多国企、很多互联网大厂中大量存在，只要市场交易的规则不变化，没有颠覆者的出现，岗位负责人就可以做到“躺”一辈子，因为那一块江山是他本人早年打下来的，纯靠资历就够了。

当然，如果我贪婪一点，希望将自己的业务边界继续往外扩展，自然就会进入下一个我相对陌生的领域。加深对业务的理解，选人、培养人，最终不断地扩展自己所负责的业务疆域。

做到这些是需要各种依赖条件的，如果非要总结一个方法论，那么可以阅读我的《**游戏运营：高手进阶之路**》一书，第 7 章有非常系统的呈现，本书不再赘述，该内容也超出了本书的范围。

在这个过程中，你的收入会不断增加，你的职场地位、社会地位会不断上升。

做投资的人，通过投资创业者花钱批量购买别人的时间。

做企业的人，通过招募员工批量购买别人的时间。

做管理的人，通过领导团队批量购买别人的时间。

随着你的社会地位不断上升，你的时间管理的逻辑会不断产生变化，从以前管理自己的时间，到使用金钱或者权利管理别人的时间，不断地创造价值。

回到本章最开始我批评的那本书（我仅仅是反感标题），当你的社会地位达到某个高度时（划重点），你再去看蒂莫西·费里斯的《每周工作 4 小时》，会有不一样的心境。我自己在 20 岁、30 岁、40 岁的时候，个人技能、财富拥有程度和认知观念都不同，读这本书完全是不一样的心境。如果缺少批判性思维，很容易被书里的观念带歪。或者说，很容易放过自己。

最后，我向（事业已经小有成就的）你诚挚地推荐这本书！你会获得很多启发。

## 像黑客一样破解生活系统

有一本书叫《生活黑客》，万维钢老师此前解读过，大致的意思是，把自己变成一个操作系统，反向像黑客一样破解生活，**继而让自己提升效率，获得自己在社会上的竞争优势。**

### 生活黑客是一种思维方式

#### 引用《生活黑客》一书中的一段介绍

比如说，如果你特别讲究做事的效率，使用过番茄钟这类的时间管理工具，或者你健身的时候会戴个运动手环，随时记录自己走了多少步，那么你做的就是生活黑客们推崇的事情。而如果再进一步，你经常研读“励志与成功”类的学问，并且发明了一套自己的生活管理系统，那么你就是一个生活黑客。生活黑客们积极地利用科技和工具提升自我，系统化地生活。

我确认自己是一名非常典型的生活黑客，我从初中记日记开始就是了。直到后面我遇见这本书，给了我这个概念。书的豆瓣评分并不高（有各种原因），但这并不是问题，有些东西本来就不是适用于普罗大众的，豆瓣书评是一个好地方，可以看到其他人的角度和观点。

这些生活黑客们甚至为了优化而优化，以至于有些人都“走火入魔”了，其实我也是这类人。

比如，对达芬奇睡眠法的研究与尝试，从睡眠里抠出时间来；

比如，蛋白粉+复合维生素的营养补充法，从饮食里抠出时间来；

比如，像扎克伯格一样选择穿衣搭配思路，从社交里抠出时间来；

比如，我的《**游戏运营：高手进阶之路**》一书中提到的精要思维（第 7 章），从日常生活的各处抠出时间来，把很多东西流程化、算法化、习惯化，时间自然而然就省出来了。

我在第 2 章推荐给大家的“普通职场人 1 天能有 6 个多小时的可支配时间”，这种方式大多数人稍微努力就可以做到。我还有每天可以挤出 8 个多小时的可支配时间的版本，但是我没写，因为大多数人太难做到了，只有特别偏执的人才会接受，比如科比，对自己无比苛刻和极端，必然会有卓越乃至伟大的表现。

大多数人无法接受，也无法执行，因为执行那个版本，会使人过得像个机器人一样，而且会损失相当多的生活体验，这些都是我曾经像生活黑客一样做的尝试，并用数据的方式去记录、执行和感受。我会不断地实验和探索一些事情的边界，然后从中体会感受，最后在遍历了各种选择后，留下几种适合自己的方式。

这种付出是值得的，会不断地把我逼近极限，而且我十分清楚，**我掌握某种方法但不用，和我不掌握某种方法，本质上是两个概念。**

## 只要能对抗懈怠，怎样都行

过往、现在乃至未来，我依旧会不经意间把时间给浪费掉，比如：

（1）试图在网络上纠正别人，说服别人，释放自己的各种情绪；

（2）为了编织光鲜亮丽的网络形象，在社交媒体上花费太多时间；

（3）生活中也会不经意间陷入低效的会议，参与无聊的社交；

（4）刷新闻、刷游戏、刷短视频、吃各种瓜，各种娱乐消遣。

我们都是凡人，都有着“贪嗔痴、怨憎会、爱别离、求不得……”正因为如此，我们要找到方法远离这些东西。

我曾有一段时间直接把这些列入我的 Not to do list（禁止事项清单）。但有时候想想，如果一律都不碰，是不是太狠了点？有点像食物里面的糖和油，完全戒断也不现实，归根到底是一个度量问题，所以由戒断变成约束。

我给自己的约束是以每天 2 小时为上限，超过这个上限就警示自己，那些东西吞噬着我的光阴，一不小心，发现时间都溜走了，一不小心，人就庸碌了。

为了让我不懈怠，往往需要诸多习惯的约束，比如关闭朋友圈，卸载微博、抖音等，去对抗一些“偷”自己时间的事物。如果想做点更多有意义的事情，尽可能地苛责自己的时间吧。

当然这世界上也有一种观点，**把自己活成一个高效率的人，是一件很……嗯，悲哀的事情？**

随便吧，至少在 35 岁之前不要放过自己，人总是要有点“要”性的。

这就要看自我的追求能到什么境界了。

比喻是一个强大的武器。我总是喜欢拿比喻去自我说服。

花时间去工作赚钱，这是交易，交易可以快速带来金钱。

花时间消遣和娱乐，这是消费，消费可以快速带来愉悦感。

花时间在学习和健康上，这是投资，投资是缓慢的，回报也是确定性的。

如果我在某些事上消费，我的赚钱和投资就会减少。

我的可支配时间十分宝贵，一定要用来投资。

能复用的尽量复用，尽量提升单位时间内的效能。

不甘心，不想躺，像文正公学习，结硬寨、打呆仗，日拱一卒，功不唐捐。

是洗脑吗？是的，脑子不干净可不得洗洗嘛！

是鸡汤吗？随便吧，只要能有效果就行。

只要能对抗懈怠，怎样都行。

## 被迫忙碌与主动选择忙碌

忙碌是有质量的，一定要分清楚自己是主动选择，还是被迫接受。往往是主动选择会忙得从容，被迫接受会忙得慌乱。

就我而言，最讨厌的就是重要且紧急的事突然出现。我会尽自己的全力减少重要紧急的事发生，每一次出现，都会把我弄得措手不及，不得不停下手头的事，继而投入精力去处理那些紧急事。

努力清空重要紧急的事，然后把大多数精力都投放到**重要不紧急的事情上。**重要的事情如果不做，就会演变成**重要紧急**的事。等到来临的时候，必然手忙脚乱。

比如，我曾经罗列的人生中的重要事里面的那张表，**可以在表的后面为自己打一个评分。**然后基于此，选择自己的时间主要分配到哪里。

比如：

锻炼身体，是为了保证自己的身心健康；

学习某个新技能，是为了提升职场竞争力；

提升团队能力，是为了让自己空出时间来成长；

做分享，是为了输出倒逼输入的同时提升自我影响力。

我们都知道这些事情的意义，可是对当下、未来而言，其轻重缓急是怎样的？程度是怎样的？所谓“不谋一世者，不足谋一时；不谋全局者，不足谋一域”。

任何事情在发生之前往往都是有征兆的，有些事情如果不注意就会演变成健康危机、家庭关系危机、职场人事危机、财务危机等。

**选择的背后，不是什么都要，而是放弃，放弃的背后就是判断力。**

高手，从来都是让紧急的事不那么高频地发生。高手从来都是具备足够多的容错性，而当有些意外紧急的事情发生时，早就做好了准备，能非常从容地应对。

我锻炼好身体，我有了足够的储蓄，我有良好的人际关系，即使意外到来，我也能依靠此前积累的雄厚资本顶住困难。而穷人不光金钱方面穷，各个方面都穷，遭遇了意外，往往就顶不住，会被迫滑落至更糟糕的境遇。

影视剧里的那些**命悬一线、生死时速、临危受命、绝地反击、背水一战**，都不是什么好处境，那些**挽狂澜于既倒、扶大厦之将倾**的行径固然充满了浪漫主义的个人英雄色彩，可是这种事最好是只存在于文艺作品里。

一个成熟的人，追求的是**防微杜渐、未雨绸缪、十拿九稳、水到渠成，追求的是“善战者无赫赫之功，善医者无惶惶之名”。**

无聊人、庸碌人，不值得讨论（见下图），更希望大家能从压力人变成从容人。重要的事把握好了，紧急的事就会变少，人就会从压力状态下解放，逐渐变得很从容。

| 重要&不紧急 | 重要&紧急 |
|---|---|
| **从容人**<br>处理重要不紧急的事，有远见，平衡、自律，少有危机 | **压力人**<br>被各种紧急重要的事折磨得筋疲力尽，忙于收拾残局 |
| **不重要&不紧急** | **不重要&紧急** |
| **无聊人**<br>键盘侠，网络喷子，发泄情绪，“吃瓜”，消遣娱乐 | **庸碌人**<br>重复的工作，低效的会议，不必要的社交 |

向各位读者鼎力推荐我最喜欢的 B 站 UP 主渤海小吏的视频《司马家族“必然兴旺”的乱世算法》《韩信的军事才能是吹出来的还是真的？》及《缓慢进化的人性》系列内容。你会看到，中国历史上很多大神们是如何谋篇布局、最大化提升自己的容错率的。我已经从他的很多内容里获得了太多的认知升级，我所有的“一键三连”都献给了渤海小吏，诚挚向各位读者推荐渤海小吏的全部内容！

## 给奋斗者的时间价值观

如果有时光邮局，我会给过往的自己写一封信。这封信不公正、不客观，但饱含着经历的沉淀。

对每个想要逆袭的穷小子的掏心掏肺……

### 希望你足够贪心，追求极致

做一个贪心的人，至少在时间上要苛刻自己，总想着能做到“既要、又要、还要”。虽然很多事是一个不可能三角，但“求上得中，求中得下，求下无所得”，贪心在某种角度看，是把事情追求到极致的必备心态。

作家梁文道曾说过：“年轻人的好处，就是每个年轻人都相信自己能飞。而中年人在扇动翅膀时，两边羽翼上还挂着甩不掉的重重的秤砣。”

在我罗列的人生中的那些重要事中，职场社交、团队建设、自我成长、基本盘等总计 15 项，每一项都不能忽视。幸运的是，这些事会在生命中的不同阶段陆续出现在我们的生活里。

很多事情是有周期性的，个人在职场上的发展也是。我在互联网大厂工作的时候，看到校招生的简历简直“卷”到天际，清华、北大、牛津、剑桥、斯坦福，屡见不鲜。想想很多大学研究生毕业时 25 岁，仅 10 年后就到了被人嫌弃的 35 岁，开始遭遇职业危机，可后面还有 30 年才能退休呢。10 年过得究竟有多快，35 岁的人都明白，早期爬坡慢，后期跃迁就格外难。

如果你在年轻的岁月里没做出什么成就，到了中年的岁月里获得的机会就更少。万里归来仍少年是种奢侈，无数中年人都被生活的重担压弯了腰。

个体而言，不太喜欢用年龄进行划分，但这就是社会的偏见，很真实，也很残酷。年轻人最宝贵的是心态，认为自己还行，还没有遭遇生活的“毒打”，肉体上还有精力去奋发昂扬。

现在的生活取决于十年前的选择，现在的选择也决定了十年后的生活。

## 希望你做难而正确的事情

家庭条件特别好的，从小不为钱发愁的，这一段请略过。

钱和时间，都是我们的资源，他们有着不同的使用方式。

放到娱乐消遣上，就是消费，消费是一件很简单的事。

放到学习和健康上，就是投资，投资是一件很难的事。

这种持续性的、在某个领域专注的投资，长期来看，会让我们的社会竞争力得以增强，形成正向的循环飞轮。

我在很多事情上都挺抠门，但是在自己和家人的健康和教育这两件事情上从来不抠门，在这两件事情上花出去的每一笔钱，最后都会加倍赚回来，而我对消遣娱乐方面的消费就十分警惕和克制。

钱是除了时间之外第二宝贵的资源。千万别信那种“钱不是攒的，是挣的”“人要对自己好一点”这种鬼话。你为什么不优先对父母好一点？花钱不是什么本事，挣钱才是本事，挣到钱让家人过得幸福，有安全感才是本事。

年轻人往往逃不过消费主义和享乐主义陷阱，如果原生家庭没有殷实的经济基础，从小不被满足，当赚到一些钱时就更习惯于补偿自己。

但持续地当月光族，甚至入不敷出，会提升自己的风险，穷人在很多事情上的容错率是非常低的。这个世界充满了风险与变故，我们永远不知道明天和意外哪个先来。当意外到来时，钱是照顾好自己和家人的底气。

当父母生重病时，如果有钱，你可以毫不犹豫地拿钱解决问题，挽救生命。

当自己面临失业时，如果有钱，你可以不至于因为碎银几两，丢失掉尊严和底气。

存钱的最大优势就是提升生活的容错率，不管发生了什么意外，都还有机会去应对。

存下的钱，就像一件坚硬的铠甲，让你有抗击生活“毒打”的底气。

存钱是一个人的远见，是抵抗诱惑，是延迟满足，**是最顶级的自律**。

如果始终为钱奔波，那时间就只能用来生存。你只有在安全的环境里才可能发挥人的聪明才智，用时间去创造价值。

持续投资健康和学习，持续存钱和省时间，持续用时间创造价值，这些都是难而正确的事。

## 希望你找到自己的人生使命

每次看电视剧《功勋》时，我都会热泪盈眶，感慨于剧中主角的人生际遇，以及自我牺牲般的伟大。而当我后面每次复看这个电视剧的时候，往往会产生更多的思考——如果我是他们，我会怎么选？

每一个共和国勋章的获得者都是我辈楷模，我崇敬他们，能干成那些事可以说是自我实现的终极目标，是自己毕生想要的追求。但我心中又有着巨大的矛盾，内心中凡人的一面又告诉自己，从概率上而言，没做成这等大事的人有太多，牺牲很多的东西则几乎是必然的。稍微有些阅历的人会感知到，这些事情的背后总有太多的苦难，苦难并不是一件值得被歌颂的事情，当我们面对苦难时，积极乐观、努力改变的态度值得歌颂。

《燃点》是一部纪录片，它更贴近我们的生活现实，里面记录了很多创业者的境遇，失败就是常态。太多人无法理解创业者所承担的压力和家人在过程中所付出的牺牲，成功的人和事多数充满了幸存者偏差。在通往顶峰的路上，往往堆满了白骨；所有命运的馈赠，要付出无法想象的代价。

我也曾想过，自己为了事业可以放弃什么？但如果为了创业，为了财富自由，为了自我成就，而以牺牲家人的感受为代价，未免也太自私了。我本身挺贪心，“既要、又要、还要”，希望照顾好一切，尽自己所能去规避所有意外。如果连基本盘都没有做好，其他的事都没太大的意义。

如果真的要追求事业，也是在照顾好家庭的前提下去做。就像《明朝那些事》的作者当年明月、《三体》的作者刘慈欣，了解他们成名前履历的人都知道，他们都是在相对稳定的情况下，放弃无效社交，依靠自己的才华和努力，最终取得了很高的社会成就。

其实每个人都是自己的人生创造者，但多数人没有认真思考过就碌碌无为地过完了一生。

奥地利作家斯蒂芬·茨威格在《人类群星闪耀时》一书中写了这样一句话，“一个人生命中最大的幸运，莫过于在他的人生中途，即在他年富力强的时候发现了自己的使命。”

写这本书的时候，从年龄上来看，我已然到了人生的中途，我时常在想，自己的使命是什么？

我们不妨把时间拉远一点，当百年之后，你会希望别人如何评价你？你这一生最大的成就是什么？我想不应该只是那些肤浅的追求。

希望你能倾尽全力照顾好自己的家人，希望你能用自己的人生经验去帮助更多的人！

如果有机会，希望你能像《功勋》里的那些获得共和国勋章的伟大先驱一样，为我们的国家，为这个世界贡献点什么！

# 反侵权盗版声明